KB040717

다음 세대를 생각하는
인문교양 시리즈

아우름 31

상식이
정답은 아니야

세상의 충고에
주눅 들지 않고 나답게 살기

박현희 지음

샘터

'물론의 세계'를 의심하라

　중국에는 전족이라는 가혹한 풍습이 있었다. 어린 여자아이의 발가락을 발바닥 방향으로 꺾어 힘껏 묶은 뒤 헝겊으로 꽁꽁 동여매 자라지 못하게 했던 풍습으로, 과거 중국에서는 이렇게 해서 만들어 진 기형적으로 작은 발이 미인의 조건이었다. 발이 크면 여자 대접을 받지 못했고, 혼인도 쉽지 않았다. 상류층에서 시작된 이 풍습은 차츰 모든 계층으로 퍼져나가 너도나도 전족을 했다. 온갖 허드렛일을 대신해주는 하인이 있는 상류층 여자들에게도 발을 동여매고 생활하는 건 매우 불편한 일이었을 것이다. 하물며 농사와 집안일로 허리 펼 날이 없었던 가난한 집 여자들은 전족을 한 발로 그 많은 일들을 어찌 해내며 살았을까.

　그럼에도 전족의 풍습은 10세기 무렵에 시작되어 20세기까지 이어졌다. 하얼빈에 있던 마지막 전족 신발 공장이 문을 닫은 때가 1999년이라고 하니 불과 20년 전의 일이다. 전족은 지금의 눈으로 보면 두말할 필요도 없는 여성 학대이지만, 그 시대에는 기형적으로 작은 발이 아름다움의 기준으로 여겨졌다. 그것이 세상에 통용되는 상식이었던 것이다.

우리는 우리의 삶을 규정하는 수많은 상식들과 함께 살아간다. 이런 상식의 성벽이 쌓여 이루어진 세계를 나는 '물론의 세계'라고 부르려 한다.

여자는 발이 작아야 미인이지. 물론이지.

뭐든 최선을 다해야지. 물론이지.

공든 탑은 무너지지 않아. 물론이지.

일찍 일어나는 새가 벌레를 잡는 법이야. 물론이지.

물론의 세계를 이루는 상식들은 다양한 모습으로 나타나는데 충고도 그 가운데 하나이다. 오래된 충고의 말들은 속담이 되어 우리 곁에 머물고 있다. 오랜 시간을 견디어내며 사람들 속에서 검증을 거쳤다는 점에서 속담은 강력한 설득력을 가진다. 우리는 서두르는 사람에게는 '우물에서 숭늉 찾는다'고 하고, 진득하지 못한 사람에게는 '우물을 파도 한 우물을 파라'고 충고한다. 또 세상물정 모르고 덤비는 젊은이에게는 '하룻강아지 범 무서운 줄 모른다'고 하고, 자주 화를 내는 사람에게는 '웃는 얼굴에 침 못 뱉는다'고 충고한다.

그런데 혹시 이런 말들이 또 다른 형태의 전족은 아닐까? 천 년 동안 중국 여성들의 발을 꽁꽁 묶어 삶을 망가뜨린 전족의 풍습처럼, 우리가 무심코 내뱉는 충고들도 우리에게서 수많은 가능성과 다양성을 빼앗고 삶을 묶는 족쇄가 되고 있는 것은 아닐까?

살아오면서 다양한 사람들에게서 많은 충고들을 들었다. 이 책은 내가 들어왔던 수많은 충고들에 대한 의심의 기록이다. 그들이 나를 아끼고 사랑하는 마음에서 그랬을 거라는 걸 의심하는 것은 절대 아니다. 하지만, 어린 딸의 발가락을 꺾어 꽁꽁 동여맸던 중국의 부모들도 아이를 사랑하는 마음에 그렇게 했을 것이다. 그것이 진정 아이를 사랑하는 방법이라 믿어 의심치 않았을 것이다.

속담들을 고르면서 모두가 이미 의심하고 있는 것들은 제외했다. 예를 들어 여성을 차별하는 내용을 담고 있는 '암탉이 울면 집안이 망한다'와 같은 속담은 교양이 있는 사람이라면 입에 올리지 않을 것이다. '매를 아끼면 아이를 망친다'는 말도 마찬가지이다. 예전에는 아이들을 잘 키우려면 엄하게 가정 교육을 해야 한다고 생각했기 때문에 호응을 받았겠지만, 지금은 아동 학대를 정당화할 수 있는 말이라 위험하다. '열 번 찍어 안 넘어가는 나무 없다'는 속담도 같은 이유로 제외했다. 남자들이 아무리 싫다는 여자라도 계속 쫓아다니면 결국은 넘어온다는 허튼 주장을 할 때 이 속담을 사용하는

데, 요즘은 그런 행위를 스토킹이라고 부른다. 스토킹이 범죄 행위라는 건 누구나 알고 있다.

사람들이 잘 모르는 속담도 제외했다. '생이 벼락 맞던 이야기를 한다(새우가 벼락을 맞아 봉변을 당하던 이야기를 한다는 뜻으로, 까맣게 잊어버린 지난 일을 새삼스럽게 들추어내서 기억나게 하는 쓸데없는 행동을 비유적으로 이르는 말)'와 같이 사전을 찾아보지 않으면 뜻을 알 수도 없고, 지금은 아무도 사용하지 않는 속담은 뺐다.

대신 속담은 아니지만 권위와 설득력을 발휘하는 충고들을 추가했다. '공부에는 때가 있다', '예능을 다큐멘터리로 받지 마라'와 같은 말들은 이대로 간다면 수십 년 내로 속담 사전에 등재되지 않을까 싶다.

이 책에서 다룬 여러 속담과 충고들이 사람들에게 항상 나쁜 영향을 끼친 건 아니었을 것이다. 한마디 한마디의 말에는 생의 귀중

한 교훈들이 집약되어 있기 때문이다. 여기저기 기웃거리지 않고 한 우물을 파면서 기어코 뜻을 이룬 사람을 비하할 의도도 없다. 남들은 가다가 포기한 길을 온갖 고난을 감내하면서 묵묵히 끝까지 간 사람을 헐뜯으려는 것도 아니다. 때때로 허세를 부리는 사람에게는 '빈 수레가 요란하다'는 일침이 유효하기도 하다.

다만, 이 상식들이 모두에게 획일적으로 적용되면서 만고불변의 진리인 양 여겨지는 것을 문제 삼고 싶었다. 우리 모두에게는 각자의 사정이 있다. 또 누군가 해냈다고 해서 다른 사람들도 그 일을 해내야 할 근거가 되어서는 안 된다고 생각한다. 무엇보다도 "내가 너를 생각해서 하는 말인데……" 하며 건네는 충고들이 그 말을 듣는 사람에게는 폭력이나 억압으로 작용할 수도 있다는 걸 말하고 싶었다.

나는 작은 균열을 꿈꾼다. 다들 한 치의 의심도 없이 당연하다고 믿는 세계에 돌을 던지며, '물론의 세계'를 지탱하는 상식의 성벽에 작으나마 균열을 내고 싶다. 내가 던지는 돌의 힘이 미약해서 작은 틈새조차 만들어내지 못할지도 모른다. 나의 이런 시도가 '계란으로 바위치기'에 머물고 말지라도 괜찮다. 물론의 세계는 견고해서 내 한 방에 끄떡도 안 할 거라는 것쯤은 이미 잘 알고 있다. 하지만, 적어도 그 커다란 성벽에 작은 자국이라도 남겨 누군가가 '어? 저게 뭘까?' 하고 의문을 갖는다면 그것으로 만족한다.

지난 20년간 매일 아침밥을 차려준 나의 동반자 박인구에게 이 책을 바친다. 그는 별로 득 될 것도 없는 책 쓰는 일에 정신이 팔려 몸도 망치고, 성격도 망치고 있는 나에게 한결같은 지지와 격려를 보내주었다. '길이 막히면 뻥뻥 뚫린 반대편 길로 가자'라는 절묘한 제안을 해준 것도 그이다. 덕분에 나는 내 길이 아닌 길을 빨리 버리는 지혜를 배웠다.

2018년 5월
박현희

| 차 례 |

1장

속담에서 찾은
상식의 배반

돌다리도
두들겨보고
건너라

▶ **사전에서 찾은 뜻**

비록 잘 알아서 틀림이 없는 일이라도 조심하라는 말.

비슷한 말로 '구운 게도 다리를 떼고 먹는다(구운 게도 매어 먹어라)', '얕은 내도 깊게
건너라', '식은 죽도 불어가며 먹어라', '무른 감도 쉬어가며 먹어라', '아는 길도 물어
가라', '삼 년 벌던 전답도 다시 돌아보고 산다' 등이 있다.

나는 한마디로 '직진형 인간'이다. 저기 앞에 목표 지점이 보이면 그
것만 바라보고 내달린다. 비유적인 표현이 아니라 정말 직진밖에 모
르는 사람이라 그간 사고도 많이 쳤다.

어릴 적에 비가 와서 여기저기 물웅덩이가 고이면 다른 아이들
은 잘도 피해 걷는데, 나는 그러지 못해 신발과 바지를 적시기 일쑤
였다. 어머니는 신발에 바지까지 흠뻑 젖어 귀가하는 딸내미 때문
에 속을 많이 끓이셨다. 늘상 그러다 보니 주변 사람들로부터 애가
조금 모자라는 구석이 있는 것 아니냐며 걱정하는 소리도 많이 들
었다.

상식이 정답은 아니야

조금 더 나이를 먹은 뒤에 문득 이런 생각이 들었다. 나는 키도 작지만 머리에서 다리로 이르는 경로가 남들보다 좀 짧은 게 아닐까? 그래서 어떤 생각이 떠오르면 오래 고민하지 않고 바로 행동부터 하고 보는 건 아닐까?

나는 좋은 아이디어가 떠오르면 전혀 주저함 없이 곧바로 실행에 옮긴다. 주변에서 말릴 틈도 주지 않는다. 당연히 매사 신중한 사람들에 비해 실수도 많고, 실패도 더 자주 한다. 그런 탓으로 나 같은 사람들은 이런 충고에 매우 익숙하다. '돌다리도 두들겨보고 건너야지.'

잘 아는 길이어도 다시 한 번 세심하게 살피고 혹시 잘못된 것은 없는지 짚어본 후 안전하게 다리를 건너라는 말이다. 또 어떤 일을 할 때 일단 저지르고 나서 뒤늦게 다시 고민하지 말고, 충분히 생각하고 나서 행동하라는 뜻이기도 하다. 물론 그 말대로 하는 게 안전한 길이라는 걸 나도 잘 안다. 그러나 나는 안전하고 실패 없는 삶도 좋겠지만, 우리의 삶에서 안전이 가장 큰 가치가 되어서는 안 된다고 생각한다. 언젠가 읽은 파울로 코엘료의 《순례자》에도 비슷한 말이 나온다.

"배는 항구에 있을 때 가장 안전하지만, 배는 항구에 머물기 위해 만들어진 것이 아닙니다."

실패를 경험해야 언젠가는 성공한다

돌다리도 두들겨보고 건너는 삶은 다른 사람에 대한 신뢰가 없는 삶이다. 우리는 한정된 에너지를 가지고 한정된 시간을 살아가고, 한 사람이 한 생애에 할 수 있는 일은 생각보다 많지 않다. 그런데도 많은 것을 누리고 있는 것은, 다행히도 다른 사람들과 더불어 살아가고 있기 때문이다.

어떤 사람은 돌다리를 만들고, 어떤 사람은 그 다리를 이용하면 된다. 그런 뒤에 나도 다른 사람을 위해 세상 어느 곳에 돌다리를 놓아주면 된다. 그러면 다른 사람이 내가 놓은 다리를 편안하게 이용해줄 것이다. 이게 우리가 사는 삶이다. 그런데 다른 사람이 해놓은 일을 못미더워하고 계속 의심만 한다면, 우리는 그들이 만들어놓은 다리를 건너지도 못할뿐더러 또 다른 누군가를 위해 다리를 놓아주지도 못할 것이다. 그러니 눈앞에 돌다리가 보이거든 고마워하며 일단 건너보는 건 어떨까. 그리고 주변을 살피고 염려하는 시간에 다른 중요한 일을 하는 것이다.

돌다리도 두들겨보고 건너는 삶은 실패를 허용하지 않는 삶이기도 하다. 그런데 실패 없는 삶이 어디 있겠는가. 만약 우리가 넘어지는 것을 두려워했다면 끝내 걷지 못하고 네 발로 기고 있었을지도 모른다. 그러나 넘어질 것을 각오하고 두 발로 서는 쪽을 택했기에 오늘의 인류가 있었다.

상식이 정답은 아니야

내 가까운 친구 중 한 명은 자전거 타는 법을 배우기 위해 두 번이나 자전거 교실을 수강했다. 처음에 자전거 교실에 가서 며칠 동안 성실히 수업을 들었지만 안타깝게도 자전거 타는 법을 익히지 못했다. 그 친구는 포기하지 않고 두 번째로 자전거 수업에 등록했다. 그러나 이번에도 역시 결과는 같았다. 왜 두 번이나 강좌를 이수했는데도 자전거 타는 법을 배우지 못한 것일까?

친구의 안타까운 사연을 접한 후 자전거 교실에서 무엇을 배웠느냐고 물어보았다. 그러자 그 친구는 '넘어지지 않고 자전거 타는 법'을 배웠다고 했다. 그 대답을 듣고 조금 의아했다. 자전거 타기란 원래 무수히 넘어지면서 배우는 것 아닌가. 보통은 넘어지고 또 넘어지다 보면 어느새 자전거를 탈 수 있게 된다. 나는 어쩌면 넘어지지 않고 자전거 타기를 배운다는 그 자전거 교실의 교육 목표 때문에 친구가 실패한 것인지도 모르겠다는 생각이 들었다.

어린아이들이 쉽게 자전거 타기를 배우는 것은 넘어지는 일을 부끄러워하지 않기 때문이다. 어른들은 자전거를 배울 때 넘어질까 봐 노심초사하지만 아이들은 몇 번이고 넘어져도 신경 쓰지 않는다. 친구들은 이미 성인용을 자전거를 타고 씽씽 달리는데 나만 뒤처질 수는 없는 노릇이기 때문이다. 빨리 세발자전거나 보조 바퀴가 달린 자전거에서 벗어나 친구들과 동등한 대열에 끼고 싶다면 몇 번이고 넘어질 것을 각오하고 타야 한다. 그러다 보면 어느 순간 능숙하게 자전거를 탈 수 있게 된다.

글로 영어를 배운 사람 가운데는 영어로 대화를 나누지 못하는 사람들이 꽤 많다. 대화를 하기 전에 머릿속으로 흠 없는 문장을 완성하느라 그것이 말이 되어 나오지 않는 것이다. 하지만, 형편없는 실력이라도 영어로 말하기 위해서는 부끄러움을 참는 것 외에는 별 방법이 없다. 나는 일곱 살 수준의 영어를 구사하며 낯이 뜨거워지는 순간에는 이렇게 생각한다. '그래도 내가 말하는 영어가 저 사람이 말하는 한국어보다는 낫다.'

우리 인생의 다른 것들도 마찬가지 아닐까? 우리는 아무것도 할 줄 모르는 존재로 태어나 이만큼 성장해왔다. 새로운 것들을 배우고 익히며 낯선 길을 가고 있으니 때때로 실패하는 건 당연하다.

천재 화가 피카소의 비밀

그리스 아테네를 여행할 때였다. 어느 한인 민박에 묵었는데, 그곳에서 조금은 기이한 장면을 보게 되었다. 저녁이 되어 우리 일행은 밥을 먹으러 밖으로 나섰다. 그런데 같은 숙소에 묵고 있던 젊은 이들은 일어날 생각은 안 하고 하나같이 맛집을 찾아 인터넷 검색 삼매경이었다. 우리 일행이 밖으로 나가는 모습을 보고 누군가 물었다. "괜찮은 데 알아보셨나요?"

그럴리가! 하지만 그 민박집 근처에는 식당이 족히 수십 개는 있었고, 우리는 늘 그랬듯이 그냥 마음에 끌리는 식당에 들어가 밥을 먹을 생각이었다. 그러자 놀랍다는 반응이 되돌아왔다. "그러다 음식이 맛없으면 어쩌려고요?" 그 말을 듣고 나는 속으로 생각했다. '맛없는 집이라면 당연히 맛없는 저녁을 먹게 되겠지, 뭐.'

그런데 한 끼 정도 맛없는 음식을 먹는 게 그렇게 큰일일까? 우리가 지금 생을 마감하는 최후의 만찬을 하러 가는 것도 아니고, 중요한 손님을 모시고 접대를 하러 가는 것도 아닌데 말이다. 운이 좋아 찾아간 식당이 맛있었다면 맛집을 알아본 우리의 안목과 행운에 만족하면 될 것이고, 맛없었다면 내일 다시 오면 안 되는 집을 찾아낸 것으로 만족하면 될 것 아니겠는가. 다행스럽게도 우리 일행이 발길 닿는 대로 찾아간 식당들은 대체로 먹을만했고, 어느 식당에서는 황송하게도 훌륭한 맛의 음식을 맛보기도 했다.

실패 없는 여행을 하고 싶다면 다른 사람의 여행기를 따라 여행하면 된다. 유명 블로거가 극찬한 맛집을 찾아가고, 가장 괜찮다는 평가를 얻은 숙소를 예약하면 된다. 그렇게 하면 실패 없는 여행을 할 확률이 높아진다. 하지만, 단지 그것뿐이다. 그런 사람에게는 길을 잃고 우연히 찾아 들어간 뒷골목에서 생애 최고의 여행을 시작하게 되는 행운은 절대 찾아오지 않는다. 뜻밖의 행운은 돌다리도 두들겨보고 건너는 길에서는 결코 만날 수 없는 것이기 때문이다.

바르셀로나에 있는 피카소 미술관을 방문했을 때, 나는 큰 충격에 휩싸였다. 이전에는 피카소를 그냥 천재라고만 생각했다. 왜 아니겠는가. 소년 시절에 그린 그림들을 보면, 그는 이미 완벽하게 그릴 줄 아는 화가였다. 어떤 사람은 피나는 노력이 있었기에 가능했던 일이라고 말할지도 모르겠지만 인정할 것은 인정해야 한다. 그런 예술의 경지는 노력만으로 되는 것은 아니다. 어느 정도 천재성을 타고났기에 가능한 것이다. 타고난 재능에 노력까지 더해져야 피카소 같은 천재가 탄생한다.

피카소 미술관에는 피카소가 집에서 기르던 비둘기를 그린 그림이 무수히 많다. 피카소가 그린 비둘기 그림이 이곳에만 있는 건 아닐 텐데, 그는 대체 얼마나 많은 비둘기 그림을 그렸던 것일까?

상상해본다. 피카소가 비둘기를 그린다.

'이건 이래서 좀 아닌 걸.'

다시 비둘기를 그린다.

'이번에는 좀 다르게. 이것도 좀 아닌 걸. 그럼 이렇게 그려볼까?'

완성된 그림을 한동안 관찰한다.

'좀 나아졌지만, 여기 이 부분이 못마땅해. 다시!'

피카소에게 그림을 그리는 과정은 계속 실패하고 다시 그리는 일의 반복이었을 것이다. 그가 그림을 그리는 대신 머리로 구상만

하고 있었다면 절대로 오늘날 우리가 알고 있는 천재 화가 피카소는 탄생하지 않았을 것이다. 물론 타고난 재능도 있었겠지만 마음에 드는 그림을 완성할 때까지 수백 번, 수천 번을 실패하고 다시 그리는 작업을 반복하지 않았다면, 그의 천재성은 빛을 보지 못했을 것이다.

건너야 할 다리 앞에서 주저하고만 있으면 아무 일도 일어나지 않는다. 두려워도 일단 한 발을 내딛어야 다음 무대가 펼쳐진다. 넘어지는 것을 두려워 말고 자전거를 타고, 망치는 것을 두려워 말고 그림을 그려보면 어떨까. 넘어지면 다시 툭툭 털고 일어나면 되고, 그림이 마음에 들지 않으면 새 스케치북을 꺼내 다시 그리면 된다.

길을 잃을 때 우리가 더 좋은 것을 만날 것을 믿어보자. 그리고 누군가 우리를 위해 돌다리를 만들었다면 그 앞에서 너무 오래 망설이지 말고 용감하게 건너보자.

빈 수레가
요란하다

대학 시절을 돌아보면 집회와 시위에 나가는 데 1/3 정도의 시간을 쓰고, 또 다른 1/3은 시대를 탓하며 잘 먹지도 못하는 술을 악으로 깡으로 마시며 흘려보냈던 것 같다. 나머지 1/3의 시간도 차마 양심상 강의실이나 도서관에 공부를 했다고는 말하지 못하겠다. 솔직히 내가 무사히 대학을 졸업한 것 자체가 기적에 가까운 일이었다.

어느 날인가는 그런 제자가 걱정스러웠는지 교수님이 나를 부르셨다. 이런저런 이야기 끝에 교수님이 하신 말씀의 결론은 이것이었다. 아무 준비도 없이 세상에 소리친다고 해서 누구 하나 너희들의 주장에 귀 기울여주지 않는다. 그렇게 해서는 세상을 바꾸기는커녕 너희들만 다칠 게 자명하니, 우선 열심히 공부해서 세상 사람들이 인정할만한 자격을 갖추어라. 그리고 그 자격을 발판으로 삼아 중요한 자리에 오른 후 너희들이 원하는 방향대로 정책이나 제도를 바꾸는 것이 바람직하다. 교수님의 말씀은 한마디로 빈 수레가 요란한 법이니 속이 꽉 찬 수레가 되라는 거였다.

그런데 나는 오히려 이렇게 되묻고 싶었다. 교수님은 세상이 부당하며, 바뀌어야 한다는 생각에 공감하신다면서 왜 침묵하시나요? 이미 사람들에게 존경받고 영향력도 행사할 수 있는 위치에 올라와 계시는데 말이에요. 그러나 끝내 그 말은 입 밖에 내지 못하고 면담을 마쳤다.

학창 시절 집에 돌아갈 때면 늘 가방 안에서 덜그럭거리는 소리가 났다. 가방 속 빈 도시락통 안에서 수저가 이리저리 움직이며 내는 소리였다. 그 소리가 어찌나 요란한지 여간 민망한 것이 아니었다. 분명 아침에 집을 나설 때는 아무 소리도 나지 않았던 도시락에서 요란한 소리가 나는 것은 그 안이 텅 비었기 때문이었다.

짐작컨대 빈 수레도 그러하리라. 수레에 짐이 한가득 실려 있으면 아무리 거친 길을 지나가도 옆에서 서로 버텨주기 때문에 큰 소리가 나지 않는다. 하지만, 실은 짐이 얼마 없으면 이리 쏠리고 저리 쏠리면서 요란한 소리가 날 수밖에 없다. 그래서 우리는 무언가를 시끌벅적하게 떠들어대는 이가 별 실속이 없어 보일 때, '빈 수레가 요란하다'며 비웃곤 한다.

빈 수레에게도 남모를 사정이 있다

그런데 빈 수레에게도 빈 수레만의 사정이 있다면 어떨까. 실속도 없으면서 요란한 소리를 내고 있는 이들에게 그만큼 절박한 사정이 있는 거라면 말이다. 누구인들 준비도 안 된 상태에서 큰소리를 내고 싶겠는가. 그럼에도 살다보면 참지 못하고 소리를 낼 수밖에 없는 때가 있다. 게다가 그런 순간은 때때로 아주 지질하게 찾아오기도 한다. 남에게 얘기해봐야 나만 소인배 취급을 받을 것 같고, 그렇다고 그냥 참고 넘기기에는 화가 나는 것이다. 예를 들어 다른 사람이 나의 호의를 이용하는 경우가 그렇다. 옆 사람이 너무 바빠서 도와달라고 부탁하면 우리는 보통 좋은 마음으로 흔쾌히 도와준다. 서로 돕고 타인에게 호의를 베푸는 것은 지극히 인간적인 행위이다. 그런데 이런 일이 한두 번 계속되면 주변 사람들은 내가 그 일을 돕는 것을 당연하게 생각한다. 심지어 상대의 일이 내가 해야 할 일로 뒤바뀌어 있기도 하고, 상대는 그 일이 원래 자신의 일이었다는 것을 까맣게 잊은 듯 행동하기도 한다.

너무 억울하지만 상대에게 대놓고 따지자니 너무 소인배처럼 구는 것 같고, 그냥 참고 있자니 일은 늘어나고 속에서는 화가 부글부글 끓는다. 결국 참고 참다가 왜 네 일을 나한테 미루냐며 울분을 터

뜨린다. 그러면 어떻게 될까? 안타깝게도 아무것도 바뀌지 않고 그저 나만 우스운 사람이 되어버린다.

회사 내의 일이라면 이런 경우 직장 상사가 나서서 중재를 해야 마땅하다. 하지만, 그들은 사정을 알면서도 모르쇠로 일관한다. 회사 입장에서는 그 일을 누가 했는가는 중요하지 않기 때문이다. 혹시 동료와 감정적 다툼이라도 일어나면 일 좀 했다고 그렇게 떠들어댈 것이 아니라 억울하면 출세하라는 반응이 돌아올 뿐이다.

이럴 때 빈 수레들에게는 큰소리가 필요하다. 마음이 맞는 이들과 모여 수다 한판을 벌이며 큰소리로 떠들어대는 것이다. 직장인들은 상사를 흉보고, 아내들은 남편을 흉보고, 며느리들은 시어머니를 흉본다. 학생들은 선생님을 흉보고, 교사들은 교장과 교육부를 흉본다. 시민들은 웃기는 정치인과 더 웃기는 재벌을 흉본다.

살다가며 번번히 부당한 상황에 직면하는 것이 보통 사람의 일상이다. 그런데 어디에도 그걸 풀 곳이 없다. 그래서 일단은 속으로 꾹꾹 눌러 참아본다. 그러다가 그 참아낸 말들이 쌓이고 쌓여 속이 꽉 막혀 복장이 터질 것 같거나 가슴이 새까맣게 타들어갈 것 같을 때, 우리는 그걸 수다로 풀어낸다.

사람들은 그런 우리를 보고 '빈 수레가 요란하다'며 손가락질을 한다. 억울한 일이 있으면 그 자리에서 조목조목 따져야지, 막상 당할 때는 아무 소리도 못하다가 뒷담화나 일삼는 것은 어리석기 그지

없는 행동이라고 비난한다.

그들의 말이 맞을지도 모른다. 흉을 봐도 정작 그 말을 들어야 할 상대가 앞에 없으니 아무것도 변하지 않는 것도 맞다. 공연히 어리석은 말 잔치를 벌여 기운만 빼먹은 것 같기도 하다. 그런데 과연 아무 소득도 없었을까? 큰소리로 하소연을 하고, 더 큰소리로 화답을 하고 추임새를 넣으며 수다의 한판을 벌이고 나면, 그래도 막힌 속이 조금은 풀린다. 그리고 나만 억울한 일을 당하는 건 아니라는 생각에 위로를 받기도 한다. 내일 또다시 억울하고 부당한 일이 반복되겠지만, 우리는 수다의 힘으로 하루를 버틸 힘을 얻는다.

때로는 요란스러운 수다 한판 속에서 지혜로운 해법을 얻기도 한다. 내 고민을 들은 상대가 비슷한 경험을 떠올리며 조언을 건네는 것이다. 그럴 때는 보통 이렇게 대응하는 게 좋다든지, 내 경우에는 비슷한 문제를 이렇게 해결했다든지, 그 방법은 별로였으니 다른 식으로 문제를 풀어보라든지 하는 말들이 오가며 적합한 해결법을 찾아간다. 그야말로 집단 지성이 발휘되는 순간이다.

또 수다를 떠는 와중에 내가 겪은 일이 나 혼자만의 경험이 아니라 다른 사람들도 공통적으로 겪고 있는 문제라는 걸 알게 되면 양상은 달라질 수 있다. 같은 고통을 겪는 이들과 함께 연대할 수 있는 길이 열리는 것이다. 얌체 짓을 하는 직장 동료에게 같이 쓴소리를 할 수도 있고, 적절한 해결책을 내놓아야 하는데도 모르는 척하고 있는 직장 상사에게 합리적인 해결을 요구할 수도 있다.

물론 목소리를 높여도 이렇다 할 성과를 보지 못하고 끝날 수도 있다. 그렇다고 해서 쓸데없이 목소리만 높인 꼴이 되어버리는 걸까? 절대 그렇지 않다. 일단 목소리를 내면 그전과는 모든 것이 달라진다. 얄미운 직장 동료는 얌체 짓을 하더라도 전보다는 눈치를 보며 조심할 것이다. 직장 상사도 마찬가지이다. 모르는 척해도 별일 없을 때는 계속 뒷짐만 지고 있을 수 있지만, 이런저런 시끄러운 소리가 나면 이제는 달리 행동할 수밖에 없다. 차라리 깔끔하게 문제를 해결하는 편이 낫다고 생각하는 것이다. 이렇게 당장은 아무것도 달라지는 것이 없어 보여도 실은 모든 것이 달라진다.

최근 대한항공 사주 일가의 갑질 행위가 연일 뉴스에 오르내리고 있다. 드라마에서나 있는 줄 알았던 재벌 상속자들의 갑질 행위가 현실에서 더욱 심하게 일어나고 있다는 사실에 많은 사람들이 충격을 받았다. 방송은 물론이고 SNS에서도 그들의 행위를 비판하는 목소리가 드높다. 수많은 빈 수레들이 시끄럽게 덜컹거리기 시작한 것이다. 온라인에서 시작된 목소리는 이제 오프라인에서도 들려온다. 대한항공 직원들이 사주 일가의 퇴진을 요구하며 촛불집회를 시작한 것이다.

대한항공 사주 일가도 처음에는 직원들의 목소리를 무시했을 것이다. '돈 없어서 내 밑에서 일하고 있는 것들이 시끄럽게 떠들기는…… 빈 수레가 요란하다니까.' 그런데 이렇게 안일하게 생각했던 일이 형사 사건으로 커져 이제 국민 앞에 사죄해야 하는 처지에 놓이게 되었다. 그들의 갑질 행위에 대한 수사는 아직 진행 중이지만 우리는 어느 정도 결말을 예상할 수 있다. 많은 사람들이 함께 연대해 같은 목소리를 내면 무언가 달라진다는 것을 경험으로 배웠기 때문이다.

빈 수레에게는 빈 수레만의 좋은 점이 있다

지난 5월 연휴에 제주도에 갔었다. 올레길을 걷다가 강정마을을 지났다. 길가에 쭉 늘어선 걸개 그림이며 현수막들을 보면서 걷고 있는데, 이상하게도 어디선가 아우성이 들리는 것 같았다. 분명 아무도 없는 길인데도 사람들의 목소리가 들려오는 것 같은 착각에 발길이 멈췄다.

하긴 이 길이 어디 보통 길이던가. 2007년 4월 26일, 강정마을에서는 마을 임시 총회가 열렸다. 불과 팔십여 명이 모인 마을 임시 총회에서 만장일치 박수로 제주 해군기지 유치 결의가 이루어졌다. 그 뒤 해군기지 건설을 반대하는 주민들이 모여 '강정마을 해군기지 반대 대책위원회'를 결성한 것이 5월 18일, 그들은 벌써 11년째 요란하게 소리를 내고 있다. 해군기지는 이미 들어섰지만, 이제는 기지가 폐쇄되는 그날까지 싸우겠다며 계속 소리를 높이고 있다.

이들에게도 수레가 꽉 찰 때까지 기다리라고 말할 것인가. 당장 발등에 불은 떨어졌고, 할 수 있는 일이라고는 힘껏 소리를 내는 것 외에는 없는 이들에게 그렇게 말할 수는 없다. 강정마을뿐만이 아니다. 빈 수레들의 소리는 밀양에서도, 성주에서도 계속되고 있다.

시청 앞에 가봐야 시청 놈들이 나와보기나 하나. 동네는 동장 믿고 살고, 면에는 면장 믿고 살고, 조합에는 조합장 믿고 살고, 시에 가면 시장 믿고 살고, 군에 가면 군수 믿고 사는데, 왜 밀양 살면서 궁뎅이도 안 띠주노. (…) 세상 이렇게 난리가 나고 이 골짜기 조질라 카고 그라는데 밀양 시장 놈 궁둥이도 안 떼고, 어떻노 소리도 안 하대. 누굴 세우면 좋겠노, 어떤 놈이 정치 잘할란가 싶어가 될 놈 찍어놓으면 뭐 있노. 아무 소용없다.

(밀양구술프로젝트, 《밀양을 살다》, 오월의봄)

힘 있고 돈 있는 수레들이 모르쇠로 일관하거나 그 알량한 빈 수레마저도 빼앗으려드니 어쩔 것인가. 요란하게 소리라도 낼 수밖에. 우리들 대부분은 별로 가진 것이 없는 빈 수레이다. 학벌도 겸손하고, 재산도 겸손하고, 배경은 더 겸손하다. 그러니 어쩌겠는가. 세상을 향해 덜그럭 덜그럭 듣기 거북한 소리를 내며 봐달라고 외치는 것 외에는 할 수 있는 것이 없는 것을. 아무 말도 못하고 가만히 있으면 누구도 빈 수레의 속사정을 알아주지 않는다.

물론 빈 수레에게도 빈 수레만의 좋은 점이 있다. 짐이 없어 가벼우니 동에 번쩍, 서에 번쩍 잽싸게 움직일 수 있다. 또 수레 안이 가득 차 있으면 먼저 실은 것들을 버려야 하지만, 빈 수레에는 당장에라도 원하는 것들을 실을 수 있다. 나는 나와 함께 소리를 높여줄 친구들을 그 수레에 태우고 싶다. 함께 수레를 타고 신나게 노래를 부르며 가다가, 가파른 언덕길을 만나면 모두 잽싸게 내려 힘을 다해 수레를 미는 거다. 그러면 혼자 가는 것보다 힘도 덜 들고 훨씬 더 든든할 것이다.

누가 빈 수레를 보고 실속 없이 시끄럽다고 손가락질을 하는가. 그건 억울할 때는 제 목소리를 내고 시끄럽게 구는 것이 그나마 실속을 차릴 수 있는 방법이라는 걸 모르는 사람들이나 하는 말이다.

모난 돌이
정 맞는다

▶ **사전에서 찾은 뜻**
① 성질이 원만하지 못한 사람은 남에게 미움을 받는다는 말.
② 사람이 너무 뛰어나면 남의 미움을 산다는 말.

중학생 시절 애국 조회시간이었다. 요즘 사람들은 잘 모르겠지만 그때는 매주 월요일 아침마다 애국 조회라는 것을 했다. 그날도 전교생이 운동장에 나와 줄을 맞추어 서서 애국가를 부른 다음, 교장 선생님의 길고 긴 훈화가 시작되었다. 여느 때와 다름없는 익숙한 풍경이었다. 이제 곧 태양이 머리 위로 강렬한 열기를 뿜어대면 몸이 약한 몇몇 아이들이 운동장에 쓰러질 것이고, 그럼에도 아랑곳없이 교장 선생님의 훈화는 한 시간을 꽉꽉 채워 이어질 것이었다.

그런데 그날은 뭔가 달랐다. 단상에 올라 훈화를 하던 교장 선생님과 나의 눈이 딱 마주치는 기이한 일이 일어났던 것이다. 그것은 확률로 보자면 마치 지금의 로또 당첨과 비슷할 정도로 희귀한 일이었다.

뾰족한 채로 어른이 되었다

당시 내가 다니던 중학교는 한 학년의 학급 수가 20반이 넘었다. 게다가 내가 속한 학년은 학생이 많아서 23반이나 되었다. 그래서 2학년 22반 22번이었던 내 친구는 22222라는, 포커의 포카드보다 나오기 어려운 학번의 소유자가 되기도 했다. 한 학급의 학생 수가 육십 명이 넘었으니 한 학년에 대략 20반이 있다고 쳐도 전교생이 삼천육백 명이 넘었다는 얘기다. 그런데 단상 위에 우뚝 선 교장 선생님과 삼천육백 명 가운데 한 명인 내 눈이 딱 마주친 것이다. 그 순간 교장 선생님이 소리쳤다.

"거기, 지금 웃은 학생, 앞으로 나와!"

갑작스러운 고함에 전교생은 그대로 얼어붙었고, 누구를 호명하는 것인지 몰라 우왕좌왕했다. 그러나 나는 교장 선생님이 호명하는 것이 바로 나라는 걸 정확히 알았다. 단상 위의 교장 선생님이 '나는 네 비웃음이 몹시 불쾌했고, 그래서 너를 가만 두지 않으려 한다'라는 메시지를 담은 눈빛으로 나를 노려보고 있었던 것이다. 세상에 태어나서 처음 접해보는 폭압적 눈빛이었다.

그때 나는 교장 선생님이 하는 어떤 말이 마음에 들지 않았던 것 같다. 정확히 무슨 말이었는지는 기억나지 않지만 추측하건데 인성이나 질서, 아니면 반공 애국 같은 얘기였을 것이다. 애국 조회시간이면 늘 같은 얘기를 들었어야 했으니까. 불행히도 나는 표정을 숨기는 데는 영 재주가 없다. 생각하는 게 얼굴에 다 드러난다. 그때도 훈화 내용이 말도 안 되고 어이 없어서 피식 웃었던 것 같은데, 교장 선생님은 매의 눈으로 그걸 발견하고 나를 호명한 것이다.

그 뒤의 상황은 예상대로였다. 교장 선생님의 훈화를 듣고 웃었다는 이유로 나는 전교생이 지켜보는 가운데 단상 위에 올라가 온갖 모욕적인 말들을 들어야 했고, 나로 인해 길고 긴 조회시간은 더 길어졌다. 애국 조회시간이 끝나자 이번에는 담임 선생님이 나를 불렀다. 모난 돌이 정 맞는 법이라며, 너무 뾰족하게 굴지 말고 세상에 맞추어 좀 둥글둥글해지라는 충고를 들었다.

그날의 기억은 오래도록 나를 따라다녔다. 때때로 불쑥불쑥 튀어나와 나를 고통스럽게 하기도 했다. 하지만, 그 경험이 나를 바꾸지는 못했다. 내가 생각해도 나는 '모난 돌'이 맞는 것 같았다. 둥글지 못하고 뾰족한 내 성격 때문에 살아가는 내내 고생을 할 수도 있을 거란 생각이 들었다. 그래서 그날 애국 조회시간에 겪었던 고통이 앞으로도 반복될 거라는 예감이 선명했다.

담임 선생님의 충고처럼 나도 그럴 수만 있다면 남들처럼 둥글둥글해지고 싶었다. 그러나 그런 노력은 번번이 실패했고, 나는 그냥 뾰족한 채로 어른이 되었다. 그리고 그날의 선명했던 예감대로 모난 돌이라 정을 맞는 일들이 종종 생겼다. 그때마다 사람들은 내게 이렇게 충고했다. '모난 돌이 정 맞는 법이니, 제발 둥글둥글하게 살아라.'

둥글어지기를 강요하는 사회

학생들이 자기소개를 할 때 가장 많이 사용하는 표현은 무엇일까? 정확히 통계를 내본 적은 없지만, 학교와 학번을 제외하고 학생들이 가장 많이 사용하는 표현은 '저는 평범한 사람입니다'라는 말이다. 그런데 이렇게 스스로를 평범하다고 말하는 학생들을 보면 두 가지 의문이 든다.

첫 번째는 평범하다는 게 정확히 어떤 뜻인가 하는 것이다. 이를테면 사람들이 '평범하게 산다'고 할 때 그건 어떤 삶을 말하는 것일까? 남들과 똑같이 사는 것을 평범하게 산다고 말하는 것일까? 혹은 평균치로 사는 인생일까? 그것도 아니라면 다수가 동의하는 방식으로 사는 것일까?

두 번째 의문은 왜 길지도 않은 자기소개를 하면서 평범하다는 표현이 그토록 자주 출현하는 것일까 하는 것이다. 자신을 특별한 존재라고 느껴야 마땅할 10대의 아이들이 스스로를 평범하다고 강조하는 이유는 무엇일까?

상식이 정답은 아니야

나는 웬만한 것은 다 만들어 쓰는 집안에서 자랐다. 다른 아이들은 학교 앞 문구점에서 가사 실습시간에 필요한 앞치마를 샀지만, 나는 할머니가 만들어주신 걸 가지고 갔다. 그런데 친구들이 사온 앞치마를 보자 분명 어제까지는 마음에 들었던 내 앞치마가 너무 창피하게 느껴졌다. 친구들 것과 달라도 너무 달랐던 탓이다. 이후에도 몇 번 비슷한 일이 있었고, 그 뒤로 나는 집에서 만든 것은 싫으니 문구점에서 사게 해달라고 울며 떼를 썼다. 남들과 다른 앞치마를 두르고 있는 것이 어째서 그토록 창피했던 걸까?

우리 사회에는 '보통이 좋다'라는 생각이 널리 퍼져 있다. 평범하지 않거나 보통을 벗어난 것에 대해서는 어떤 형태로든 제재가 뒤따른다. 그래서 사람들은 필사적으로 보통이 되려고 한다.

학생들이 친구들 앞에서 자신을 보통이며 평범하다고 말하는 것은 두 가지 의미에서 보험 효과가 있다. '나 진짜 평범해. 너희들이랑 같아. 그러니 나를 받아들여줘'라는 의미가 첫 번째 보험 효과라면, 앞서 "나는 평범하다"라고 자기소개를 한 친구를 따라하면서 '너와 내가 다르지 않다'는 것을 명시적으로 보여주는 것이 두 번째 효과이다. 친구들과 다른 앞치마가 창피해서 학교 앞 문구점에서 산 앞치마를 갖고 싶었던 나의 마음도 같은 맥락에서 이해할 수 있을 것이다. 남들과 다른 것은 불편할 뿐 아니라 한 걸음 더 나아가 위험하다는 것을 우리는 이미 알고 있었던 것이다.

이즈야마 간지는 《뿔을 가지고 살 권리》에서 우리 모두에게 뿔을 가지고 살 권리가 있다고 얘기한다. 뿔이 없는 사람들이 절대 다수인 사회에서 어떤 사람이 우연히 뿔을 가지고 태어났다고 해보자. 이 사람에게는 어떤 일이 일어날까? 그는 결코 무리에 섞이지 못할 것이며, 놀림거리가 되거나 두려움의 대상이 될 것이다. 그렇게 되면 그는 어떤 결단을 내릴까? 다른 사람과 섞이는 데 방해가 되는 자신의 뿔을 잘라버릴 것이다. 스스로 그렇게 하기로 결단을 내릴 수도 있고, 부모나 교사들의 유도나 강요에 의해 그럴 수도 있다.

처음에는 뿔을 잘라낸 자리가 어색하고 받아들이기 어려울지도 모른다. 하지만, 차츰 '뿔을 잘라내고 보통이 되는 것이 어른이 되는 과정'이라고 납득하게 될 것이다. 그는 이제 다른 사람들과 다르지 않은 '보통의 존재'가 되는 데 성공했다. 뾰족하게 살지 말라는 사회적 충고가 제대로 실현된 것이다.

뿔을 가지고 태어난 사람에게는 뿔을 가지고 태어난 이유가 있을 것이다. 뿔 자체가 그의 본성의 중요한 부분인데, 우리는 그걸 제거해버렸다. 자기답게 살기를 포기하고 보통의 존재로 무리 속에 섞여 살아가면서 우리가 어떻게 행복할 수 있을 것인가? 헨릭 입센(Henrik Ibsen)의 《인형의 집》에서 아내 노라가 집을 나가려고 하면서 남편 헬메르와 나누는 대화를 보자.

헬메르 : 우선적으로 당신은 아내이자 어머니야.

노라 : 그런 말은 이제 믿지 않아요. 나도 인간이라고요. 당신과 같은 인간이요…… 적어도 나는 그렇다고 믿어요. 대부분의 사람들은 당신이 옳다고 말할 테죠. 게다가 많은 책에도 그런 말들이 있지요. 그러나 나는 세상 사람들이 하는 말이나 책에 쓰인 것에 더는 만족할 수 없어요. 나는 모든 일을 스스로 생각하고 결정하고 싶어요.

헬메르 : 노라, 당신은 병이야. 열이 있군. 아무리 봐도 정상이 아니야.

노라 : 나는 오늘밤처럼 의식도 머리도 또렷했던 적이 없어요.

자기답게 살기로 결심하고 뿔을 드러낸 노라에 대해 그녀의 남편은 "당신은 병이야"라고 말한다. 즉, 정상이 아니라는 뜻이다. 그는 아내가 미치지 않고서야 이런 소리를 할 리 없다고 생각한다. 하지만, 노라는 오늘밤처럼 이렇게 의식이 또렷했던 때는 없었다고 부인한다.

뿔을 가지고 살아간다는 것은 정말 어려운 일이다. 보통사람이 아니라 위대한 천재일지라도 시대의 요구에 부응하여 둥글어지지 않는다면 그를 기다리는 것은 몰락이다.

　네덜란드 황금시대의 화가 렘브란트(Rembrandt van Rijn)의 경우를 보자. 이 천재 화가는 빛과 어둠의 대비를 극명하게 사용하여 강렬한 효과를 만들어내는 것으로 유명하다. 그는 일찍 학교 교육을 그만두고 당시의 유명 화가들 밑에서 도제 생활을 했다. 그러다가 18세에 자신의 아틀리에를 만들어 제자를 양성하기 시작했다. 네덜란드의 레이든에서 큰 성공을 거둔 렘브란트는 25세에 암스테르담으로 근거지를 옮겨 더 큰 성공을 거두었다. 전성기에는 오십 명 정도의 제자를 둘 정도로 규모가 큰 아틀리에를 운영했다고 한다.

　당시에는 단체 초상화를 그리는 것이 큰 유행이었다. 네덜란드는 각종 조합을 중심으로 움직이는 사회였고, 각 조합은 자기들의 영광을 과시할 수 있는 단체 초상화를 주문해 조합 사무실에 걸었다. 혹시 미술관에 갔다가 비슷한 느낌의 사람들이 똑같은 자세로 줄지어 서 있는, 요즘의 단체사진과 유사한 그림을 발견한다면 십중팔구 그 시절의 단체 초상화이다. 경쟁하듯 그림을 주문하는 조합들 덕분에 화가들은 큰돈을 벌었는데, 그 가운데 으뜸이 렘브란트였다. 그는 천재 화가인 동시에 뛰어난 사업가였다. 여기저기서 초상화 주문이 줄을 이었으며, 최고의 초상화를 원하는 사람이라면 누구나 렘브란트에게 주문을 넣었다.

　그의 영광은 계속될 것처럼 보였다. 그런데 1642년에 그린 〈반닝코크 대위의 중대〉라는 그림이 그의 운명을 바꾸어놓았다. 만약 이 제목이 낯설다면 〈야경〉이나 〈야간 순찰〉이라는 제목의 그림을 떠올리면 된다.

사방은 짙은 어둠이고, 가운데에는 검은 옷에 붉은 띠를 두른 남자(이 사람이 반닝코크이다)와 노란색 옷을 입은 남자 둘이 강렬한 빛을 받으며 서 있다. 어둠을 헤치고 자세히 보면 그 주위로 수많은 사람들이 창을 들고 서 있다. 마치 영화를 보다가 잠시 일시정지 버튼을 눌러놓은 것 같은 드라마틱한 장면이다. 그림이 너무도 생생해서 재생 버튼을 누르는 순간 그림 속의 사람들이 일제히 움직이며 말을 할 것만 같다. 이런 걸작을 약 370년 전에 그렸다는 생각을 하면 절로 오싹해질 정도이다. 이 그림이 왜 훌륭한지 납득이 가지 않는다면 비슷한 시기에 그려진 단체 초상화들과 비교해보면 된다. 사람들이 뻣뻣한 자세로 어색하게 서 있는 다른 그림과 비교해보면 왜 수많은 미술 애호가들이 렘브란트를 그토록 칭송하는지 알 수 있다.

〈야경〉은 반닝코크 대위가 이끄는 중대의 주문을 받아 그린 그림인데, 이것 때문에 렘브란트의 사업은 쇠퇴의 길로 접어든다. 당시에는 단체 초상화를 주문한 사람들이 비용을 똑같이 나누어 지불했다. 그래서 초상화를 의뢰받은 화가는 모든 사람들을 똑같은 크기와 중요도로 그리는 것이 관례였다. 그런데 렘브란트가 그린 그림을 보라! 어떤 사람은 얼굴만 등장하고, 어떤 사람은 그나마도 절반쯤

가려져 있다. 심지어는 앞모습이 아니라 옆모습으로 등장한 사람도 있다. 그림을 주문한 사람들이 화를 내는 것도 당연했다. 사람들의 반발이 심해지자 렘브란트는 그림의 중앙에 방패를 그려 넣고 거기에 주문한 고객들의 이름을 깨알같이 적어주었지만, 고객들의 울분을 달래기에는 역부족이었다.

고객의 요구를 배신한 기업에는 불매운동이 약이다. 사람들 그림이 형편없다며 렘브란트를 비난했고, 단체 초상화 주문도 뚝 끊겼다. 잘나가던 그림 사업가였던 렘브란트의 파산에는 여러 이유가 있었겠지만, 주문받은 그림으로 먹고살던 화가에게 주문이 끊긴 것만큼 결정적 요소가 또 어디 있겠는가.

렘브란트도 모나지 않게 둥글게 살 수 있었을 것이다. 그 시절 다른 화가들이 그리던 단체 초상화처럼 그렸더라면, 최소한 1642년 〈야경〉을 그리기 이전에 자신이 그렸던 단체 초상화처럼만 그렸더라면 그는 오래오래 잘 먹고 잘살 수 있었을 것이다. 비슷비슷한 단체 초상화를 그리고 있는 화가들 사이에서 그의 그림은 이미 독보적으로 훌륭했으니까.

그런데 그는 그렇게 하지 않았다. 비슷한 구도와 색채를 반복하며 그릴 수도 있었겠지만 스스로 그것을 참을 수 없었을 것이다. 그가 달리 천재이겠는가. 그 시대의 평균적인 문법을 거부하고 스스로의 문법을 찾아내어 다음 시대가 자신을 따르게 하는 사람, 그런 사

상식이 정답은 아니야

〈반닝코크 대위의 중대〉, 렘브란트, 1642.

속담에서 찾은 상식의 배반

람을 두고 우리는 천재라 부른다. 모든 천재들은 그 시대의 맞게 둥글어지기를 거부하면서 탄생한다.

우리는 모두 모나게 태어났다

여기서 끝일까? 더 무서운 진실이 기다리고 있다. 실은 모든 사람들이 모나게 태어난 것이라면 어떨까? 다들 자기만의 뿔을 가지고 뾰족하게 태어났는데, 내가 태어났을 때 나만 빼고 다른 사람들이 모두 둥글게 보였던 것뿐이라면? 다른 사람들이 둥글었던 것이 이런저런 이유로 뿔을 절단당했기 때문이라면? 그래서 보통의 존재로 살게 된 것이라면?

우리는 자신의 뿔을 잘라버려야 할까? 아니면 뿔을 가진 채로 무리와 떨어져 홀로 살아가야 할까? 뿔을 가진 모습 그대로 사람들과 어울려 지낼 수는 없을까? 뿔을 가진 내가 뿔을 가진 그대로 행복할 수는 없을까? 그럴 권리, 당연히 있다. 당신에게도 나에게도.

우물을 파도
한 우물을 파라

▶ **사전에서 찾은 뜻**
어떤 일에 있어서나 한 가지 일을 끝까지 철저히 해야 성공할 수 있다는 말.

그림을 그려보기로 했다. 아득한 기억을 더듬어보니 고등학교 1학년 때인가 미술 선생님이 "현희야, 네 그림에는 이야기가 많구나"라고 말씀하셨던 게 떠올랐다. 칭찬인지 알쏭달쏭했지만 남들은 하나밖에 담지 못하는 이야기를 많이 담을 수 있다니 그것도 능력인 것은 틀림없다고 생각했다. 초등학교 때는 경복궁의 경회루를 그린 그림을 출품하여 무슨 국제 미술대회에서 상을 탄 적도 있었다. 그러고 보니 고등학교 때도 사생대회에서 상을 탔었다. 기억이 여기까지 미치자 문득 이런 생각이 들었다. '이런, 나는 발견되지 못한 화가였던 거야!' 신이 나서 당장 그림 수업에 등록했다.

첫 시간에 강사는 편하게 그리고 싶은 걸 그려보라고 했다. 조금 어색했지만 그림 하나를 완성했다. 그런데 내 그림을 본 사람들이 엄청난 칭찬을 해주는 것이 아닌가. 주변의 칭찬에 한껏 고무된 나는 열정적으로 각종 미술도구를 사들이고, 야외스케치도 나갔다. 그리고 강좌가 끝날 때면 같이 수업을 듣는 사람들과 함께 전시회도 열고, 내 그림으로 엽서까지 만들었다.

그런데 초반에 나를 사로잡았던 열정이 사라지자 많은 것들이 다시 보이기 시작했다. 우선 학창 시절에 내가 그린 사과를 보고 "이 감자는 뭘 보고 그린 거니?"라고 묻던 미술 선생님의 얼굴이 떠올랐다. 언젠가는 내가 그린 손이 너무 기형적이라며 크게 야단을 맞은 적도 있었다. 초등학교 때 상을 받은 건 아마도 한국 아이들이 출품하지 않는 국제대회에 참가해서인 것 같고, 고등학교 때는 미술학원에 다니던 친구가 만들어놓은 팔레트를 빌려 쓴 덕분이었던 것 같다. 그리고 그림 수업에서 칭찬을 받은 건 아마추어인 내 노력이 기특해서였을 것이다. 아기가 처음 걸음마를 시작하면 얼마나 놀랍고 기특한가. 그들도 그런 비슷한 마음이 아니었을까. 아니면 아는 사람이 SNS에 올린 글에 습관적으로 '좋아요'를 누르는 것처럼 사회생활을 잘 해나기 위한 일종의 배려일지도 모른다.

나는 한때 달리기의 매력에 푹 빠지기도 했다. 참가비를 내고 달리기만 하면 여러 가지 상품은 물론 메달에 기록증까지 준다니 그럴

상식이 정답은 아니야

듯해 보였다. 《나는 달린다》 같은 책들을 몇 권이나 사서 독파한 후 마라톤 대회에 참가했다. 그렇다. 나는 달리기도 글로 배우는 사람이다.

처음 참가한 것은 5킬로미터 코스였다. 예상외로 거뜬히 완주했다. 다 달리고 나서 숨도 차지 않았다. 나는 그런 자신을 발견하고 황홀함을 느꼈다. 생각해보니 나는 다른 것은 몰라도 다리 하나는 정말 튼튼한 사람이다. 평소에 걷는 것보다 조금 더 속도를 낸다고 생각하면 장거리 코스도 아무 문제없을 것 같았다. 게다가 내가 고등학교를 다닐 때는 대학교 입시 과목 중에 체력장이란 것이 있었는데, 나는 오래달리기에서 만점을 받았다. 나는 확신했다. '가능성 있어! 빨리 뛰는 것은 어려워도 꾸준히 오래 뛰는 것은 잘할 거야.'

마라톤용 운동화를 구입하고 친구를 꾀여 러너의 길로 들어섰다. 마침 휴직 중이라 연습할 시간도 많았다. 나는 아침마다 운동장을 열 바퀴씩 돌며 러너의 꿈을 키워나갔다. 그렇게 차근차근 준비해서 드디어 10킬로미터를 뛰는 장거리 코스에 참가해서 완주를 했다. 그리고 시합에 나가 달릴 때마다 완주 메달과 기록증이 하나둘씩 쌓여갔다. 그것들은 그 시절 나의 가장 큰 자랑거리였다. '보라고! 나는 머리로만 사는 인간이 아니라 몸도 건강한 사람이야.' 힘차게 달리는 내 모습이 참으로 뿌듯했다.

복직을 하면서 아침 운동과는 자연스럽게 멀어졌다. 원래 아침

잠이 많은 데다 직장을 다니면서 아이까지 키우느라 늘 밤늦게 잠자리에 들었다. 당연히 아침 일찍 일어나는 일이 쉽지 않았다. 연습 부족으로 기록은 제자리걸음이었다. 그러다가 제대로 연습도 못하고 참가한 15킬로미터 코스에서 엄지발톱이 빠지고 말았다. 억지로 안간힘을 쓰며 뛴 결과였다.

엄지발톱이 빠진 후 곧바로 달리기를 접은 것은 아니었지만 차츰 열정은 식어갔다. 그렇게 또 한 차례의 광기가 가라앉자 이번에도 새로운 것들이 보이기 시작했다. 내가 고등학교 체력장 종목 가운데 오래달리기에서 두각을 나타냈던 것은, 다른 종목(예컨대 던지기나 오래매달리기 같은)이 워낙 부진했기 때문에 상대적으로 오래달리기가 나았을 뿐이지, 결코 오래달리기를 잘해서는 아니었다. 또 그 '오래' 달리기라는 것도 고작 800미터를 달리는 경기였다. 게다가 당시에 체력장에서 학생이 사망하는 사고가 발생한 탓에 누구나 오래달리기에서 만점을 받도록 선심을 쓰던 시기이기도 했다. 5킬로미터를 달리고도 전혀 숨이 차지 않았던 것도 내 폐활량이 남달랐기 때문이 아니라 너무 천천히 뛰어서 그런 것뿐이었다.

지금도 가끔 달린다. 가끔 성질을 주체할 수 없거나 머리 끝까지 뻗친 열을 식혀야 할 때는 밖으로 나가 무조건 뛴다. 다행히 다혈질은 아니어서 그런 일은 일 년에 한두 번 정도이다.

그림과 달리기 이후에도 수영, 요가, 퀼트, 뜨개질 등 나의 관심

사는 끊임없이 변했다. 다양한 분야를 섭렵하는 가운데 30대와 40대가 지났지만, 나는 바라던 것처럼 화가나 러너, 요기나 퀼터가 되지는 못했다. 그저 다양한 취미생활을 거치는 과정에서 사들인 다양한 취미용품만이 남았을 뿐이다. 나는 그것들을 버리지 못하고 고스란히 집에 모셔두고 있다. 언제 어디로 튈지 모르는 내 성격상 곧 다시 필요하게 될지도 모를 일이기 때문이다. 이런 나를 두고 세상 사람들은 혀를 차며 이렇게 충고할지도 모른다. '우물을 파도 한 우물을 파라.'

산만한 나는 불량품일까

혹시 "너는 왜 그리 산만하니?"라는 꾸지람을 들어본 적이 있는가? 진득하게 한 우물을 파는 사람을 높이 평가하고, 한 가지 일에 집중하는 사람이 성공한다는 신화가 널리 퍼진 현대사회에서 산만함은 심각한 결함이나 잘못으로 여겨진다. 주의가 산만한 학생은 늘 교사의 지적을 받고, 심지어 ADHD 환자로 의심받기도 한다.

노희경 작가의 드라마 〈괜찮아, 사랑이야〉에는 아무 증상도 없는 자기 아이에게 ADHD 치료제를 달라며 의사를 붙잡고 떼를 쓰는 부모가 등장한다. 드라마 속 의사는 평범한 아이들에게 ADHD 약을 먹이면 집중력을 높일 수 있을 거라는 기대에 엉뚱하게 약을 처방받으려는 부모들이 더러 있다고 설명한다. 당연한 일이지만 정상인 학생에게 ADHD 약을 처방하는 것은 심각한 부작용을 유발한다.

ADHD 치료제로 쓰이는 리탈린은 사실 각성제라고 한다. 리탈린의 주성분인 메틸페니데이트는 코카인 및 암페타민과 약리학적으로 비슷하여 남용과 중독의 위험이 크며 마리화나보다 더 강하다고 한다. 이 약의 부작용으로는 식욕 저하, 구역질, 불면증, 두통, 복통, 우울감 등이 있다. 더 무서운 것은, 애초에 약물 치료를 시작하지 않았을 때는 그럭저럭 선택의 여지가 있었던 상태였을지 몰라도 일단 약물 치료를 한번 시작하고 나면 약물 없이 생활했던 때로 돌아가기는 어렵다는 점이다. 그러면 맨 처음 약물 치료를 시작했을 때 경험했던 것과 같은 효과도 더 이상 없는 상태에서 약물을 끊을 수도 없게 되어버리는 것이다. (…) 그건 마약중독의 공식 그대로가 아닌가. (…) 그런데도 약물 치료를 시작하기 전에 의사들은 이 사실을 환자에게 알려주지 않는다.

(김경림, 《ADHD는 없다》, 민들레)

더욱이 미국 정신 의학협회가 ADD를 ADHD에 포함시킨다는 내용으로 ADHD 진단 기준을 개정한 것이 1994년이다. 이를 계기로 ADHD로 진단받는 아동의 수가 폭발적으로 늘었고, 관련 산업

(제약회사, 클리닉, 상담센터, 치료사 등) 역시 폭발적으로 성장했다는 사실을 알게 되면 놀라움은 더욱 커질 수밖에 없다.

우리 사회는 산만함을 거부한다. 학교나 기업 등에서 전혀 예측할 수 없는 돌출 행동을 하는 사람들은 불편한 존재로 여겨지며, 기피 대상이 된다. 예측할 수 없는 상황은 긴장감을 유발하고, 그것은 불안감으로 이어지기 때문이다.

그러면 산만한 나는 불량품 같은 존재인 것일까? 정도의 차이는 있지만 사실 많은 사람들이 산만하다. 대표적인 성격 유형 검사인 MBTI의 네 가지 선호 지표에 따르면 인간은 크게 '판단형'과 '인식형'으로 나뉜다. 판단형은 합리적인 결정을 하며 한번 결정한 일은 잘 바꾸려하지 않는다. 그러나 인식형의 사람들은 즉흥적이며 변화무쌍하다. 여기까지 들으면 판단형은 어른스럽고, 인식형은 어쩐지 덜 자란 아이 같다는 느낌을 받을 것이다. 그도 그럴 것이 우리가 어릴 때부터 접해온 훌륭한 사람들은 대체로 판단형인 경우가 많다. 우리는 그들의 얘기를 들으며 한번 마음을 먹으면 절대 굽히지 않고 끝까지 목표를 향해 나아가는 것이 성공의 비결이라고 배워왔다.

우리는 서로 다르게 태어난다

예로부터 농사일에는 진득함이 필요했다. 봄에 씨를 뿌린 곡식은 가을이 되어야 수확할 수 있다. 거칠고 험한 땅을 개간하여 옥토로 만드는 데도 여러 해가 걸리고, 저수지와 수로를 만드는 것도 하루 이틀에 가능한 일이 아니다. 수렵과 채취의 시대가 끝나고 농사를 지으며 한곳에 정착하게 된 인류에게 우물을 파도 한 우물을 파는 꾸준함은 절실한 미덕이었을 것이다. 어떤 상황에 처해도 절대 한눈팔지 않고 끝까지 포기하지 않는 든든함이야말로 무엇이든 해낼 수 있는 동력이었을 것이다. 이것이 우리가 지금까지 알고 있는 훌륭한 사람들이 한 우물 스타일인 이유이다.

농경사회 이전에는 인식형 인간이 더 유리했을지도 모른다. 변화무쌍한 상황에 맞서 계속 이동하면서 사냥하고 채취해야 하는 삶에는 꾸준함이 아니라 유연함이 필요하다. 유연한 사고를 가진 인간이 변화에도 더 잘 적응했을 것이다.

그렇다면 산만한 내 성격은 아득히 먼 신석기 시대에나 빛을 볼 수 있는 것일까? 다행히 세상은 점점 더 빨리 변하고 있으며 이동성도 높아졌다. 우리는 농경사회에서는 꿈도 꿀 수 없었던 속도로 살아가고 있다. 다시 인식형 인간이 활약하기 좋은 세상이 열린 것이다.

사람은 서로 다르게 태어난다. 어떤 사람은 한 우물을 깊이 파는 것을 좋아하지만, 어떤 사람은 얕은 우물을 여러 개 파는 것을 좋아한다. 또 어떤 사람은 변화를 좋아하지 않지만, 어떤 사람은 변화가 없는 삶을 견디지 못하기도 한다. 우리가 서로 다르게 태어난 것에는 다 그럴 만한 이유가 있지 않을까. 판단형 인간의 경직성을 인식형 인간이 보완하고, 인식형 인간의 경솔함을 판단형 인간이 보완하며 서로 힘을 합쳐 잘 살아가라는 뜻은 아닐까. 그러니 굳이 나와 다른 사람의 삶에 대해 훈수를 둘 필요는 없다. 나에게는 나만의 방식이 있듯이 그에게도 그만의 방식이 있을 뿐이다.

또 하나 중요한 것은 100퍼센트 판단형인 사람도, 100퍼센트 인식형인 사람도 없다는 점이다. 누구나 어느 정도는 산만한 구석이 있고, 아무리 산만한 사람이라도 자기가 좋아하는 일에는 엄청난 집중력을 발휘한다.

한 우물만 팔 수 없는 사회

이리저리 관심사를 옮겨가며 도전해봤지만 결국 끝까지 해낸 일이 없는 사람이 바로 나라는 얘기로 이 글을 시작했었다. 그런 나에게도 20년 이상 꾸준히 하고 있는 일이 몇 가지 있다. 이정도면 나도 한 우물? 이렇게 우쭐대보려다가 나의 한 우물들을 자세히 들여다보면 그것이 오롯이 내 성과라고 말하기에는 무리가 있음을 발견한다.

첫 번째, 결혼은 나 혼자만의 노력으로 지속할 수 있는 것이 아니라 상대방의 노력이 함께 있어야 하는 것이다. 나의 한 우물 능력과 상대방의 한 우물 능력 가운데 어느 것이, 어느 정도로 기여했는지는 측정이 불가능하다. 게다가 그 결혼을 위협하는 각종 사고, 재난 등의 외적 요소가 없었다는 것도 고려해야 할 것이다.

경제적인 어려움, 배우자의 불륜이나 폭력 등 결혼의 지속을 위협하는 요소들은 매우 많으므로 어떤 사람이 결혼을 지속하지 못한다고 해서, 그가 경솔하다고 판단해서는 절대 안 된다. 끝내야 할 순간을 알고 단호하게 끝내는 것도 현명하고 용기 있는 행동이라고 칭찬받아야 하지 않겠는가. 게다가 배우자의 폭력과 같이 절대로 결혼을 지속해서는 안 되는 상황이 발생했는데도, '한번 결정한 일이니 무를 수 없다'느니, '사람이 그렇게 경솔해서는 못 쓴다'느니 하며 한 우물 파기를 권유하는 것은 또 다른 폭력일 뿐이다.

두 번째, 직장생활이다. 1993년부터 교사로 일하고 있으니 벌써 25년간 같은 일을 하고 있다. 교사라는 직업은 정년이 보장되며, 성과나 승진 때문에 압박을 받을 일도 거의 없는 비교적 안정적인 직업에 속한다. 그렇다고 해도 내가 한 가지 일을 이토록 꾸준히 하고 있다니 놀랄만하다. 내가 취직할 무렵인 1990년대 초중반만 하더라도 평생 한 직장에서 근무하는 것은 그리 특별한 일이 아니었다. 그러다가 1990년대 말 외환위기가 터지고 상황이 완전 달라졌다. 평생 한 직장에 근무하다 정년퇴임하는 일이 그야말로 꿈이 되어버렸다. 그리고 30년이 흐른 지금, 정년이 보장되어 한 우물만 팔 수 있는 기회를 주는 일자리는 이미 멸종 위기 상태이다.

사업주들은 어렵게 구한 직원들이 자꾸 그만둬서 걱정이라고 말한다. 그러면서 요즘 젊은 사람들은 돈 몇 푼에 바로 직장을 옮긴다며 끈기도 의리도 없다고 비판한다. 하지만, 생활하기에도 빠듯한 임금을 받는 젊은이들에게는 돈 몇 푼이 회사를 옮길 충분한 이유가 된다. 예를 들어 1억 원의 연봉을 받는 사람이 있다고 해보자. 그에게는 월 10만 원 정도의 급여 인상은 큰 의미가 없을 것이다. 하지만 2,000만 원도 채 안 되는 연봉을 받는 사람에게는 월 10만 원은 매우 큰 돈이다.

의리라는 것도 그것을 지켰을 때 내가 얻는 게 있으리란 기대가 생겨야 지킬 수 있는 것이다. 평생고용을 보장하지 않는 회사가 과연 직원에게 의리를 말할 자격이 있을까. 끈기도 마찬가지이다. 이 직장에서 끈기 있게 버텨냈을 때 내게 돌아올 무언가가 있다고 믿을 수 있어야 힘들어도 참지 않겠는가. 몸은 힘들어도 일을 제대로 배울 수 있다든지, 승진이 보장된다든지, 성과가 좋으면 월급이 오른다든지, 이도저도 아니라면 최소한 평생직장을 보장해준다든지 하는 것들 말이다. 제대로 된 회사라면 직원에게 한 우물을 파라고 요구하기 전에 먼저 회사가 끈기와 의리의 대가로 무엇을 보장해줄 수 있는지 얘기하는 게 맞다.

생각해보면 결혼과 직장 외에는 산만 그 자체였던 나의 역사는 통장 잔고에는 도움이 되지 않았지만 책을 쓰는 데는 꽤 도움이 되었다. 지금도 산만했던 취미생활 일대기로 원고 한 꼭지를 완성하지 않았나. 그런데 가끔 스스로도 궁금할 때가 있다. 나는 어째서 꾸준히 글을 쓰고 있는 것일까? 변덕이 죽 끓듯하고 무엇 하나 제대로 끝내지 못하는 내가 어떻게 몇 권이나 되는 책을 내고, 지금도 계속 글을 쓰고 있는 것일까? 혹시 작가가 나의 천직이었던 건 아닐까. 오늘도 나는 혼자만의 착각에 빠져 새 노트북을 장만하고, 집필실을 얻고, 직장을 그만두는 꿈을 꾼다.

웃는 얼굴에
침 못 뱉는다

▶ **사전에서 찾은 뜻**

좋은 낯으로 대하는 사람에게 듣기 싫은 말은 할 수 없다는 말.
중국에는 비슷한 뜻으로 '성난 주먹도 웃는 얼굴은 못 때린다'라는 말이 있다.

나는 잘 웃는다. 우스운 일이 있거나 기분이 좋아서 웃기도 하지만 특별히 그럴 일이 없어도 웃는 얼굴을 하고 있다. 그런데 이것은 그간의 쓰라린 경험 속에서 나온 나만의 처세술이다.

나는 걸핏하면 표정이 불온하다며 "넌 표정이 그게 뭐야?", "불만이라도 있어?"라는 소리를 들어야 했다. 웃고 있지 않으면 종종 화났느냐는 질문을 받았고, 얼굴 좀 펴라는 얘기를 수도 없이 들었다. 그런 일이 계속되면서 나는 찌푸린 표정 대신 웃는 얼굴을 선택했다. 좀더 편안하게 살기 위해서는 웃는 게 낫다고 판단했던 것이다.

그게 습관이 되었는지 이제는 어지간히 화가 날 때도 억지로 웃곤 한다. 경험상 웃어서 상황이 나빠지는 경우는 없었다. 그리고 잘 웃는 사람에 대해서는 사회적인 평가도 호의적이다. 사람들은 잘 웃는 사람에게는 "사람이 참 괜찮아", "인상이 좋아"라고 긍정적인 평가를 내린다. 이왕이면 남들에게 이런 말을 듣고 사는 편이 좋지 않을까. 행복해서 웃는 게 아니라 웃어야 행복해진다는 말도 있지 않은가.

사람들은 화를 내는 사람을 좋아하지 않는다. 화를 낸다는 건 자제력이 부족하다는 걸 드러내는 것이고, 미성숙의 증거이기도 하다. 부당한 일을 당해도 바로 화내기보다는 냉정하고 이성적으로 조목조목 옳고 그름을 따지는 것이 현명하다고 생각한다. 명백히 상대방이 잘못한 경우에도 화를 내면 문제의 책임은 내게로 넘어온다. "그 사람이 잘못한 것은 맞지만, 그렇다고 해서 그렇게 화를 내면 되겠어?"라는 핀잔을 듣게 되는 것이다. 싸움이 일어났을 때 왜 그 싸움이 일어났고 어떤 힘의 구조가 작동했는지를 따지지 않고, 무조건 '누가 먼저 싸움을 시작했는지'를 따지는 것과 유사하다. 먼저 화를 낸다는 것은 곧 상대와의 힘겨루기에서 지는 것이다. 이러한 사정을 터득하고부터 나는 가능하면 화를 참는다. 공연히 문제를 키우기보다는 참는 것이 낫다고 생각했기 때문이다.

하지만, 필사적인 노력으로 화를 참고 웃어넘겼다고 해서 문제가 사라지는 것은 아니다. 웃는 내 얼굴을 보고 상대방이 감동해서 자신의 잘못을 반성할 확률은 제로에 가깝다. 문제는 그대로이지만, 더 큰 싸움으로 번지는 것을 막았으니 이 정도면 잘한 셈이라고 생각해야 할까? 하지만, 그렇게 참고 또 참는 동안 가슴속에서는 화병이라는 것이 쑥쑥 자라난다. 그것은 상대가 나를 만만하게 보면 볼수록, 내가 참으면 참을수록, 그 부당함의 정도가 크면 클수록 더 부피를 키워간다.

슬픔을 잘 느끼는 것도 중요하다

세상은 부정적인 감정을 불편해한다. 울고 있는 사람이나 화가 난 사람을 위로하는 일에는 함께 웃어주는 것보다 훨씬 더 많은 에너지가 필요하기 때문이다. 예를 들어 연인과 헤어져 슬퍼하는 친구에게 처음에는 누구나 위로의 말을 건네고 함께 아파하지만, 너무 오래 그런다 싶으면 "이제 그만할 때도 됐잖아?"라고 말하며 거리를 두는 것이다. 부정적인 감정이 오래 지속되면 사람들은 "이제 그만 웃어", "그만 슬퍼하는 게 좋아"라고 말하며 거기에서 빠져나올 때가 되었다고 충고한다. 그런데 과연 슬픔을 멈추는 것이 누구에게 좋은 것일까? 사람들이 우리에게 웃는 얼굴을 권하는 것은 그게 그들에게 편하기 때문이다.

웃는 얼굴을 하라는 사회적인 압력으로부터 자유롭지 않은 것은 환자들도 마찬가지이다. 치명적인 질병에 걸려 매일 고통과 공포에 시달리고 있는 환자들마저도 웃는 것이 건강에 좋다는 충고를 듣는다. 의사들은 웃음과 긍정적인 사고는 면역력을 높여주고 병의 치료에도 효과적이라고 조언한다. 그 얘기를 들은 환자들은 병마의 고통과 싸우면서도 웃기 위해 애쓴다.

의료진의 입장에서는 웃는 환자가 좋을 것이다. 그런 환자들은 까다로운 요구사항도 거의 없고, 의료진의 지시에도 더 잘 따르며, 치료 과정에 대해 꼬치꼬치 캐묻지도 않는다. 게다가 환자의 웃는 얼굴은 그들의 건강을 걱정하는 가족이나 친구들을 안심시켜준다. 주변 사람들은 환자의 밝은 표정을 치료를 잘 견뎌내고 있다는 긍정적인 신호로 받아들이기 때문이다.

물론 의사가 환자에게 대놓고 웃으라고 강요하는 것은 아니다. 환자가 스스로 웃는 얼굴을 선택할 뿐이다. 하지만, 아픈 사람은 의료진이나 가족, 친구들에게 육체적, 심정적으로 크게 의존하게 된다. 주변 사람들이 내게 긍정적인 태도와 웃음을 기대하고 있다면 환자들은 그들이 원하는 모습을 보여주기 위해 노력하고 애쓴다. 이것은 마치 어린 아이들이 자기가 전적으로 의존하는 부모의 기분이나 기대에 민감하게 반응하는 것과 같은 이치이다.

아서 프랭크의 책 《아픈 몸을 살다》에는 이런 환자들의 고충이 적혀 있다.

상식이 정답은 아니야

암으로 죽어가던 내 가까운 친구 한 명은 어떻게 자기 상태가 계속 나빠질 수 있는지 진심으로 의아해했다. 친구는 화학요법을 받을 때마다 치료 병동으로 쿠키를 구워 들고 가는 사람이었다. 그녀는 태도와 병세가 호전되는 것 사이에 분명한 인과관계가 있다고 믿었다. 어린 시절부터 계속 우리는 태도와 노력이 중요하다고 배운다. (…) 내 친구는 바로 그 완벽하게 용감하고 긍정적이고 명랑한 암 환자였다. (…) 친구가 행복한 겉모습을 그렇게나 오래도록 유지하기 위해 어떤 값을 치러야 했을지 나 혼자 헤아려볼 뿐이다. 명랑하고 단정한 이미지를 유지하려면 가뜩이나 부족한 에너지를 더 쏟아부어야 했다.

(아서 프랭크,《아픈 몸을 살다》, 봄날의책)

어려운 상황에서도 긍정적인 에너지를 잃지 않고, 그 상황을 돌파하려고 애쓰는 것이 문제 해결에 도움이 될 때가 있다. 하지만 슬퍼해야 마땅한 일에는 깊이 슬퍼하고, 화내야 마땅한 일에는 분노를 표출할 필요도 있다. '이별과 상실의 고통에서 벗어나 다시 살아가는 법'이라는 부제가 달린《차마 울지 못한 당신을 위하여》에서는 인간이 겪는 상실과 고통, 외로움, 분노, 좌절, 헤어짐을 받아들이고 다시 살아가기 위해서 충분한 애도가 필요하다고 말한다.

우리는 자주 '눈물의 바다'에 빠져 들어간다. 하지만 무엇보다 눈물을 '삼키고' 마음속에 간직해서는 안 된다. 혼자 숨어서 우는 것은 치유 효과가 없기에 정신적인 고통이 신체적인 증상으로 나타나는 것을 막지 못한다. 애도 작업을 철저히 하고 나야만 비로소 우리는 곪은 상처를 짜낼 수 있고 상처는 서서히 아물기 시작한다.

(안 안설렘 슈창베르제,《차마 울지 못한 당신을 위하여》, 민음인)

한때 "꽃길만 걷자"라는 말이 유행어가 되기도 했지만, 꽃길만 걸을 수 있는 인생이란 애당초 없다는 걸 우리 모두 잘 안다. 눈물을 삼키지 않고, 분노를 억누르지 않고, 내 안에서 들고 일어나는 온갖 부정적인 감정들을 바로 마주하고 그것을 적절하게 표출하는 것이 인간의 본성에 부합하는 거라는 걸 명심할 필요가 있다.

누구에게 웃음이 강요되는가

한편 흥미로운 것은 모든 사람들에게 웃음이 강요되는 건 아니라는 점이다. 세상은 대체로 힘이 없는 사람들에게 웃으라고 말한다. 사장님의 굳은 표정은 권위의 표시이지만 직원이 똑같은 표정을 지으면 불손하게 여겨진다. 어른이 심각한 표정을 지으면 어른스럽다고 하면서 아이가 똑같은 표정을 지으면 대드는 거냐고 혼을 낸

상식이 정답은 아니야

다. 마찬가지로 선생님의 굳은 표정은 통솔력을 나타내지만 학생의 경우에는 반항의 의미로 받아들여진다. 또 남자의 굳은 표정은 남자다움이지만 여자의 굳은 표정은 애교 없음을 뜻한다.

감정 노동이라는 말이 왜 생겨났을까? 웃는 얼굴로 친절하고 상냥하게 고객을 대해야 하는 직종에 종사하는 사람들은 늘 자신의 감정을 숨기고 웃음의 가면을 써야 한다. 얼굴을 찌푸리면 고객의 민원이 들어오고 상냥함이 부족하다며 벌점을 받게 되니 무조건 웃을 수밖에 없다.

그렇다면 '웃는 얼굴에 침 못 뱉는다'는 말은 과연 진실일까? 땅콩 회항 사태가 일어나기 전인 2013년, 대한항공 기내에서 비슷한 일이 있었다. 당시 포스코에너지의 상무이사였던 왕모 씨는 LA행 대한항공 여객기에서 주방인 갤리로 난입해 들고 있던 잡지의 모서리로 승무원의 눈두덩이를 가격했다. 승무원의 응대가 불손하고, 가져온 '라면이 짜다'는 이유에서였다. 승무원 폭행 소식을 전해들은 기장은 LA에 착륙해 현지 경찰에 그를 신고했다. 출동한 미 연방수사국(FBI) 요원들은 "기내 승무원 폭행은 테러 행위이다. 구속 수사를 받든지 여기서 당장 귀국하라"고 경고했고, 그는 구속을 피하려고 서둘러 귀국했다.

라면 폭행 사건이나 땅콩 회항 사태 때 승무원들이 웃는 얼굴로 응대하지 않아서 그런 부당한 일을 당했던 것은 아닐 것이다. 우리가 웃는 얼굴에 침 못 뱉는다는 말을 의심하게 되는 이유이다.

최근에 콜센터의 감정 노동자들을 보호하기 위하여 산업안전법이 개정되었다는 소식을 접했다. 감정 노동자들이 안전하게 일할 권리를 보호하는 것을 사업주의 의무로 규정한 것이다. 구체적인 개정 내용을 보면 다음과 같다.

사업주는 주로 고객을 직접 대면하거나 「정보통신망 이용 촉진 및 정보보호 등에 관한 법률」에 따른 정보통신망을 통하여 상대하면서 상품을 판매하거나 서비스를 제공하는 업무에 종사하는 근로자(이하 "고객응대근로자"라 한다)에 대하여 고객의 폭언, 폭행, 그 밖에 적정 범위를 벗어난 신체적, 정신적인 고통을 유발하는 행위(이하 "폭언 등"이라 한다)로 인한 건강장해를 예방하기 위하여 고용노동부령으로 정하는 바에 따라 필요한 조치를 하여야 한다.

애니메이션 〈인사이드 아웃〉에서는 우리 마음속에 있는 다양한 감정들이 때로는 다투고 때로는 서로 도우면서 마음의 주인이 제대로 살아갈 수 있도록 노력하는 모습이 그려진다. 주인공인 라일리의 마음속에는 기쁨이, 버럭이, 소심이, 까칠이, 슬픔이가 살고 있는데, 그 가운데 기쁨이가 우두머리 역할을 한다. 기쁨이는 라일리가 늘 좋은 기분으로 지내고 부정적인 감정에 압도당하지 않도록 최선을 다한다. 그래서 슬픔이가 나서서 일을 망치지 않도록 경계하고 주의를 시킨다. 슬픔이도 기쁨이에게 최대한 협력해 라일리를 슬프게 하지 않으려고 혼신의 노력을 다한다. 하지만, 라일리는 진정한 행복을 위해서는 기쁨뿐만 아니라 슬픔도 꼭 필요하다는 것을 깨닫는다. 기쁨도 슬픔도 우리의 일부이기 때문이다.

　웃음이 나올 때는 웃고, 울음이 나올 때는 우는 게 맞다. 만약 웃음만 좋은 것이었다면 왜 인간에게 그토록 다양한 감정들이 주어졌겠는가. 그러니 누구에게든 웃음만을 강요하는 것은 옳지 않다.

될성부른 나무는
떡잎부터 알아본다

▶ **사전에서 찾은 뜻**
자라서 크게 될 사람은 어릴 적부터 남다르다는 말.
좋은 결과가 예상되는 일은 처음부터 잘 된다는 뜻.

위인전을 읽다보면 하나 같이 놀랍다. 책 속의 위인들은 모두 어릴 때부터 남달랐다. 어머니의 뱃속에서부터 엄청난 태몽이 함께 한 것은 물론이고 노는 것도 스케일이 달랐고 사고를 쳐도 남달랐다. 위인전을 읽으며 꿈을 키우던 나는 기대를 가득 품고 엄마에게 물어보았다. "엄마, 나 임신했을 때 무슨 태몽 꿨어?" 그런데 돌아온 대답은 의외였다. "아무 꿈도 안 꿨는데?"

그때 실망이 얼마나 컸던지! 위인을 꿈꾸었던 아이는 위인과는 몇 백 광년쯤 떨어진 거리를 유지하며 평범한 어른이 되었고, 취직하고 평범한 어른이 되는 것마저도 마냥 쉬운 일은 아니라는 걸 깨

상식이 정답은 아니야

달았다. 그리고 나를 임신하고서 아무 꿈도 꾸지 않았다는 엄마를 온전히 이해할 수 있게 되었다. 사실 그동안 딸을 위해 용꿈까지는 못되더라도 예쁜 복숭아나 옥구슬이 등장하는 꿈은 꾸어주었어야지 하는 마음에 살짝 섭섭했었는데, 임신과 함께 그게 얼마나 주제넘은 생각이었는지 깨우쳤다. 나 역시 아무 꿈도 꾸지 않았던 것이다.

임신을 한 몸으로 직장생활을 하는 것은 정말 힘에 부치는 일이었다. 나는 내 한 몸 부지하면 그만인 생활을 하는 데도 힘에 겨웠는데, 위로 세 아이를 건사하고 큰 집 살림을 하면서 직장생활을 하는 엄마에게 넷째 아이의 임신은 얼마나 고단한 일이었겠는가. 꿈도 없는 깊은 잠에 빠져들 수밖에 없는 나날의 연속이었을 것이다. 나에게도, 엄마에게도 애초부터 태몽을 꾼다는 건 무리였다. 될성부른 나무는 떡잎부터 알아본다고 하던데, 이를 어쩌나? 나도 내 아이도 훌륭해지기는 애초에 그른 것일까?

떡잎부터 훌륭해야 될성부른 나무로 큰다는 말은 꽤나 설득력이 있어서 아이와 부모의 마음을 부산스럽게 만든다. 아이가 한 살이라도 어릴 때 영어나 수학 공부를 시작해야 하고, 수영과 피아노, 태권도까지 배워야 하니 몸과 마음이 모두 바빠지는 것이다. 부모 탓으로 아이가 좋은 떡잎이 될 수 없다면 이 얼마나 통탄할 노릇인가. 그래서 바쁜 아이들 옆에는 더 바쁜 부모들이 있다. 그리고 이렇게 부모들과 아이들을 바쁘게 하는 데는 현 입시제도도 한몫하고 있다.

대입 수시 전형에서 큰 비중을 차지하는 학생부 종합 전형은 학생 생활기록부 전체를 평가 대상으로 삼아 '종합적'으로 판단하여 학생을 선발하는 제도이다. 내신 등급이나 수능 점수 말고도 다양한 측면에서 학생을 평가하기 때문에 공부를 조금 못해도 다른 분야에서 보충할 수 있다. 내가 대학 입시를 치루던 시절처럼 오직 성적으로만 줄을 세워 합격과 불합격을 가르는 것보다는 인간적인 면이 있기는 하다.

하지만, 자세히 들여다보면 문제는 복잡해진다. 실은 성적의 모자란 부분을 다른 분야에서 보충하는 것이 아니라, 성적도 우수하고 다른 분야에서도 두각을 드러내야 하기 때문이다. 학생들은 과거에 비해 몇 배의 짐을 짊어지고 대입 레이스에 참가해야 한다.

이런 종합적인 평가의 지표 가운데 하나가 '진로'이다. 예를 들어 심리학과나 간호학과에 진학하려면 일찌감치 그에 관련된 스펙을 쌓아야 한다. 학생부 종합 전형을 위해 제출해야 하는 자기소개서에는 3개의 공통 문항과 1개의 자율 문항이 있는데, 대학별로 요구하는 자율 문항은 대체로 다음과 같다.

-해당 모집 단위에 지원하게 된 동기와 이를 준비하기 위해 노력한 과정이나 지원자의 교육 환경(가정, 학교, 지역 등)이 성장에 미친

영향 등을 경험을 바탕으로 구체적으로 기술하시오.(1,500자 아내)

-해당 모집 단위에 지원한 동기와 준비 과정을 기술해주시기 바랍니다.(1,000자 이내)

-지원 전공을 선택한 이유와 대학 입학 후 학업 또는 진로 계획에 대해 기술하기 바랍니다. (1,000자 이내)

대학마다 표현은 조금씩 다르지만 학생들은 자신이 그 학과에 지원한 동기와 준비 과정을 적어야 한다. 분량도 1,000자에서 1,500자 정도로 구체적으로 적어야 하기 때문에, "그냥 어릴 때부터 꿈이었습니다" 같은 말로는 해결되지 않는다. 예를 들어 심리학과에 진학하려던 학생이 막판에 마음을 바꿔 경제학과로 진로를 변경하면 여간 곤란한 것이 아니다. 안 그래도 '자소서'가 '자소설'이라는 얘기가 나오고 있는데 진짜 소설을 써야 할 판인 것이다. 게다가 구체적인 사실에 입각해서 써야 하니 그동안의 기록을 뒤져 지망학과의 입맛에 맞는 요소들이 들어가 있는 무리 없는 스토리를 창조해야 한다.

그래서 고등학교의 진로 상담 교사와 입시 전문가들은 되도록 일찍 아이의 진로를 정하고, 그에 따른 맞춤형 스펙을 쌓으라고 권유한다. 나는 이렇게 '떡잎' 시절부터 남달랐으니 '될성부른 나무'라는 것을 증명하기 위해서이다. 그런데 '남보다 일찍 적성을 발견하고, 그 적성에 맞는 진로를 정하라'는 얼핏 그럴 듯해 보이는 충고 앞에서 나는 멈칫하게 된다.

일단, 이런 충고를 하는 우리 세대의 과거를 좀 살펴보자. 학생들을 선발하는 위치에 있는 교수들은 사실은 성적에 따라 대학과 학과가 배치되어 있는 표준 배치표를 보고 대입 원서를 넣은 세대이다.

그 시절에는 어떤 학과에 응시해야 할지를 진지하게 머리 싸매고 고민하는 대신, 본인의 점수로 응시할 수 있는 대학과 학과들을 1차로 추리고 그 가운데에서 '이 정도면 합격할 것 같다'는 느낌이 오는 곳에 응시했다. 당연히 대학에 입학해서 어떤 것들을 배우게 될지도 잘 몰랐고, 입학 후의 학업 계획도 고민하지 않았다. 그래도 대부분은 별 탈 없이 학교에 잘 다녔다(나처럼 어디에 내놓기 부끄러운 학점을 받은 사람도 있지만 우수한 성적을 받으며 모범적으로 학교를 다닌 사람도 많다). 그리고 때가 되어 졸업을 하고 취직을 해서 그럭저럭 잘 살아가고 있다. 그러니 그들이 충고하는 대로 꼭 적성을 일찍 발견하고 차곡차곡 경력을 쌓아야만 미래가 밝은 것은 아니다.

당신의 진로는 확고했던가

서둘러 진로를 정하라는 사회적 요구가 날이 갈수록 강해지는 이유는 무엇일까? 우리 세대가 진로를 고민하던 시절에는 '지금은 고생스럽지만 앞으로는 잘 살게 될 것'이라는 믿음이 있었다. 무슨

상식이 정답은 아니야

일이든 한 자리를 지키며 꾸준히 노력하다 보면, 그걸로 먹고사는 문제도 해결되고 자식들도 잘 키울 수 있을 거라는 희망이 있었던 것이다. 그러나 지금은 다르다. 괜찮은 일자리는 줄어들고 먹고살 길은 점점 막막해진다. 또 지금 괜찮은 일자리라 해서 내일까지 그러리라는 보장도 없다. 우리 사회는 경쟁을 먹고 산다. 그 경쟁에서 살아남으려면 남들보다 일찍 시작하는 수밖에 없다. 될성부른 나무로 자라기 위해서는 떡잎 시절부터 공을 들여야 하는 것이다.

초등학교 때 어른들이 장래희망이 뭐냐고 물으면 나는 판검사가 될 거라고 대답했다. 판검사가 판사와 검사를 합한 말이라는 것도, 판검사가 되기 위해서는 낙타가 바늘구멍을 통과하기보다 어렵다는 시험에 합격해야 한다는 것도 몰랐다. 또 그 일이 평생 법조문을 붙들고 살아야 하는 일이라는 것도 전혀 몰랐다. 그저 "너는 공부를 잘하니까 커서 판검사가 되면 좋겠네"라는 어른들의 말을 그대로 따랐을 뿐이다.

때로는 과학자가 되겠다고 대답하기도 했다. 어릴 적에 읽었던 《퀴리부인》같은 위인전에서 영향을 받았던 것 같다. 또 의사가 되겠다는 대답도 몇 번 했었다. 하지만, 아무에게도 말 안하고 속으로 품고 있었던 나의 장래희망은 만화가였다. 그림에 재능이 없어서 만화가가 되지 못한다면 만화가게 주인이라도 되고 싶었다. 그리고 좀더 커서는 소설가가 되고 싶었다. 이 모든 소망들에는 어떤 연관성도 없고, 적성을 고려해 그렇게 얘기한 것도 아니었다. 그저 어린아이답게 날마다 다른 꿈을 꾸었을 뿐이다.

앞선 희망들과는 전혀 무관하게 나는 사회교육과에 진학했다. 대학을 졸업할 무렵에는 정말 생뚱맞게도 연극배우나 극작가가 되고 싶었지만, 어떻게 해야 그 일을 할 수 있는지 도무지 알 수 없었다. 없는 길을 만들어 헤쳐나갈 정도의 열정은 아니었기에 연극의 꿈은 바로 접었다. 대학을 졸업하고 교사가 되어서도 진로에 대한 방황은 이어졌다. 늦었지만 미술사를 공부해볼까, 직장을 그만두고 여행 작가가 되면 좋지 않을까 등등 고백하자면 나는 지금까지도 방황 중이다. 그런데 이것이 나 혼자만의 이야기일까?

떡잎에게 나무 흉내를 강요하는 사회

어른들은 10대 초반에 확고하게 장래의 진로를 결정하고, 그에 걸맞은 준비를 해서 대학에 들어간 후, 다시 스펙을 완성하기 위해 사력을 다해야 한다고 말한다. 그런데 정작 자신들은 그러지 못했으면서 왜 다음 세대에게는 그렇게 살라고 강요하는가.

빨리 진로를 결정하라는 어른들의 요구에 "어쩌죠? 저는 꿈이 없는데……"라고 대답하는 아이들이 있다. 이 아이들은 근성이 없어서 그렇게 대답하거나, 어려움을 모르고 자라서 생각이 없는 게 아니다. 그저 아직 내게는 어른들이 요구하는 그런 확고한 꿈이 없다고

상식이 정답은 아니야

솔직하게 얘기하는 것뿐이다. 나의 미래는 아직 정해지지 않았고, 주위의 압박에 못 이겨 섣부르게 결정하고 싶지도 않으니 조금만 기다려달라는 뜻인 것이다.

튼튼한 떡잎이 시작에는 좀 유리할지 모르지만, 떡잎만으로는 아무것도 점칠 수 없다. 무성하게 가지를 뻗고 튼튼한 나무로 자라날 때까지 떡잎에게는 무수히 많은 일들이 일어난다. 가뭄과 폭우, 추위와 무더위를 거치며 어린 떡잎이 어떤 나무로 자랄지는 아무도 모른다. 그러니 이제 시작하는 떡잎에게 벌써부터 나무 흉내를 내라고 재촉하기보다는 어떤 나무로 자라든 튼튼하게 커갈 수 있도록 옆에서 지켜봐주고 돕는 게 좋지 않을까.

가다가 그만두면
아니 간만 못하다

▶ **내 마음대로 해석한 뜻**
어쨌든 끝까지 하는 게 좋다는 뜻.

'가다가 그만두면 아니 간만 못하다'는 말은 어느 정도는 옳다. 무언가를 시작하고 끝을 보지 못하면 후회와 잡동사니들만 남는다. 앞서 이미 고백했듯이 나는 평생 수도 없이 많은 우물을 파온 사람이다. 이런 사람들의 집에는 각종 잡동사니들이 넘쳐난다.

우리 집에는 한참 바느질에 빠졌을 때 사 모은 천 조각들과 각종 부자재가 담긴 커다란 상자가 아직도 있다. 뜨개질에 빠졌던 때 사이즈별로 사 모은 코바늘과 대바늘 등 각종 도구와 쓰다 만 실타래들도 한 상자 가득이다. 아예 쓰지 않은 새것이라면 필요한 누군가에게 흔쾌히 주겠지만 쓰다가 남은 것들이라 남에게 주기도 민망

상식이 정답은 아니야

하다.

예쁜 꽃분홍색 자전거도 있다. 나에게 그 자전거를 준 사람은 낡은 거라며 미안해했지만, 그걸 처음 본 순간 안양천과 한강을 신나게 내달리는 내 모습이 그려졌기에 기꺼이 끌고 왔다. 한동안은 신나게 자전거를 탔다. 그러나 세상에는 자전거 말고도 나를 유혹하는 것들이 너무 많았다. 언젠가 동네 산책을 하다가 꽃밭에서 줄기를 뻗은 나팔꽃이 화단 근처에 묶여 있는 자전거를 타고 올라 절묘하게 꽃을 피운 모습을 목격한 적이 있다. 그 순간 나는 누군지 모를 그 자전거의 주인에게 격렬한 동지애를 느꼈다. 지금 내 자전거도 주인이 자신을 이용하지 않는 그럴듯한 핑계를 기다리고 있는지도 모른다. "예쁜 나팔꽃을 망가뜨릴 수 없으니 꽃이 질 때까지는 너를 여기 그냥 세워둘 생각이야"라고 말할 수 있다면 참 좋을 텐데. 그러나 내 자전거에는 나팔꽃이 피기는커녕 먼지만 쌓이고 있다. 차라리 필요한 누군가에게 주었으면 좋았을 것을 이제는 너무 낡아서 손볼 수 없는 상태가 되어버렸다.

끝을 보지 못한 시작은 후회와 잡동사니를 남긴다

달리기를 한다고 사들인 러닝화, 요가를 배울 때 산 요가용 매트, 배드민턴 라켓과 전용 신발, 탁구 라켓과 운동복, 검도를 할 때 산 죽도 등등…… 운동을 하겠다고 사들였다가 창고에 처박힌 물건만 이 정도이다. 그 옆에는 캠핑용 매트와 겨울 산행을 위한 스패츠와 아이젠도 한 자리를 차지하고 있다. 솔직히 고백하자면 그동안 시도했던 수많은 시작들이 남긴 부산물들의 리스트를 밤이 새도록 계속 써 내려갈 수도 있다. 이렇게 끝을 보지 못한 시작들은 내게 씁쓸함과 함께 엄청난 잡동사니들을 남겼고, 지금은 집안을 어지럽히는 주범이 되고 있다.

시작만 해놓고 끝을 보지 못한 것은 취미생활뿐만이 아니다. 그 정점에는 대학원 공부가 있다. 간신히 대학을 졸업하고 턱걸이로 임용 시험에 합격하여 교사가 된 뒤, 다시는 학교에서 하는 공부는 하지 않겠다고 다짐하기도 했었다. 하지만, 그로부터 얼마 지나지 않아 알 수 없는 열정이 내 안에 휘몰아쳤다. 그래서 공부를 더 해보겠다며 대학원에 진학했는데, 그때가 마침 임신시기와 겹치고 말았다. 나는 남들보다 1.5배 정도의 시간을 더 들인 끝에 겨우 논문을 마치고 졸업할 수 있었다.

이 정도에서 끝냈으면 좋았을 것이다. 그런데 갑자기 '가다가 그만두면 아니 간만 못하다'라는 말이 떠올랐는지 나는 무모하게 박사과정에 진학했다. 직장생활을 하면서 아이를 키우는 여성이 박사과정을 밟는 일은 상상한 것보다 몇 배는 더 어려운 일이었다. 남편과 시어머니, 친정어머니의 전폭적인 지지와 협조가 있었음에도 역부족이었다. 결국 논문을 쓰지 못해 학위는 받지 못하고 수료로 만족해야 했다. 석사과정부터 이어진 10년간의 공부는 언젠가 논문을 쓰게 될지도 몰라 집에 쌓아둔 자료 몇 상자로 남았다. 그 상자들을 볼 때마다 거기에 들어간 시간과 돈, 에너지가 떠올라 속이 쓰리고 죄책감이 밀려온다.

세상에 아무 쓸데없는 일은 없다

그렇다면 끝을 보지 못한 모든 시작들은 부정되어야 할까? 그 시간은 정말 후회와 잡동사니로만 남을 뿐이고, 나는 수십 년 동안 진정 쓸데없는 일을 해온 걸까? 그렇게는 생각하지 않는다. 왜냐하면 그 일들을 시작하면서 충분히 즐거웠기 때문이다.

밤을 새면서 퀼트와 뜨개질을 하던 시간은 얼마나 즐거웠었나. 자전거를 타고 달리던 시간도, 서투르게 배드민턴 라켓을 휘두르던 시간도 좋았다. 드라마 〈도깨비〉에서 나왔던 표현처럼 "그 모든 날이 좋았"으니 그것으로 충분하다.

자전거를 타고 국토 횡단을 하거나 산악 자전거로 산길을 누비는 실력에 이르지 못했다고 해서, 혹은 수년간 요가를 하고서도 '소머리 자세' 비슷한 수준에 이르지 못했다고 해서, 그 일을 통해 누렸던 즐거움을 깎아내릴 필요는 없다. 어떤 일을 시작했다고 해서 꼭 모든 사람들이 그 일에 능숙해지고 더 나아가 전문가가 되어야 하는 건 아니다.

오히려 서툴기 때문에 계속 즐거울 수 있는 것인지도 모른다. 능숙한 러너들은 기록이 좋지 않으면 실망하고 스트레스를 받기도 하는 모양이지만, 서툴기 짝이 없는 나 같은 초보자는 10킬로미터 완주에도 가문의 영광이라며 기뻐한다. 그것만으로도 충분히 즐겁고 의기양양할 수 있다. 별것 아닌 일이라도 포기하지 않고 해냈다는 것에 감격할 수 있는 것은 초보자의 특권이다. 계속 초보자의 수준에 머무르면 언제든 그 감격을 누릴 수 있다.

많은 것들을 시도해본 덕분에 내게 잘 맞는 것과 그렇지 않은 것들을 구분할 수 있게 된 것도 큰 수확이다. 한 화장품 광고를 보고 멋져 보여서 시작했던 검도는 '이건 내 길이 아니다'라는 것을 확실히 알게 되면서 끝이 났다. 퀼트는 검도에 비해서는 훨씬 오래 갔지만, 역시나 그런 꼼꼼한 작업은 내 성격에 맞지 않았다. 작품 하나를 완성하는 데도 시간이 너무 오래 걸려서 안 그래도 좋지 않은 자세가 더 나빠졌다.

대학원 공부도 마찬가지였다. 나는 잘 가르치는 선생님이 되고 싶었다. 대학원 공부가 가르치는 일에 도움이 될 거라고 생각했지만 잘못된 판단이었다. 대학원 공부가 길을 잃고 표류한 것은 당연한 결과였다.

다행히 요가는 내게 잘 맞았다. 민첩하지 않아도 된다는 점이 특히 마음에 들었다. 부족한 운동 능력에도 불구하고 계속할 수 있다는 점도 좋았다. 달리기도 잘 맞았다. 그냥 꾹 참고 한 걸음 한 걸음 앞으로 나아가기만 하면 언젠가는 골인 지점에 다다를 수 있다는 점이 참 매력적이었다. 만약 해보지 않았으면 이 모든 일들이 내게 잘 맞는지 아닌지를 결코 몰랐을 것이다. 그리고 그것은 가지 않은 길에 대한 미련으로 남아 어떤 결정을 할 때마다 순간순간 망설였을지도 모른다. 그런데 해보았기 때문에 이젠 어떤 것이 내게 잘 맞고 잘 맞지 않는지를 안다.

수많은 시작들 덕분에 나는 언제든 새로운 일을 시작할 수 있는 사람이 되었다. 그림을 배우러 다닐 때 나보다 열 살쯤 많았던 한 사람이 기억에 짙게 남았다. 친구들은 노후 준비를 위해 재테크에 몰두하지만, 자신은 그림을 그리러 다닌다고 했다. 그분은 그럭저럭 먹고살 정도의 돈만 준비되어 있다면, 노후에 삶의 질을 결정하는 것은 결국 어떻게 시간을 보내는가에 달려 있다고 말씀하셨다. 앞으로 점점 더 시간이 많아질 텐데 그림을 그리면 얼마나 즐겁게 살 수 있겠느냐는 말씀은 내게 좋은 가르침이 되었다.

나이가 들수록 한번도 해보지 않은 일을 시작하는 것이 점점 어려워진다. 당연한 일이다. 익숙하게 해오던 일도 하다보면 어렵게 느껴지는 때가 있는데 처음 시작하는 일이라면 더욱 그럴 것이다. 하지만, 잘하지는 못했어도 언젠가 해보았던 일이라면 조금은 더 쉽게 시작할 수 있지 않을까? 지금까지 수많은 시도들을 해왔고 언제든 그 가운데에서 원하는 일을 고를 수 있는 나는 그런 의미에서 경험 부자라고 생각한다.

또 한 가지의 장점은 미련을 버릴 수 있게 되었다는 점이다. 시작도 하지 않았더라면 나는 아직도 해볼까 말까 망설이고 있었으리라. 공부를 계속해볼까? 마라톤에 도전해볼까? 이런 식의 망설임들이 삶의 곳곳에 포진해 있다면 나는 진짜 끝까지 가야 할 일에 매진하기 어려웠을 것이다. 너무 오랜 망설임은 삶의 에너지를 빼앗아 간다.

미련을 버리자 '내 것이 아닌 길'들을 서서히 정리할 수 있게 되었다. 언젠가 시작할지도 모르는 논문을 위해 모아놓았던 자료를 정리하고, 지금 관심을 쏟고 있는 분야의 책들을 사서 책장에 채워 넣었다. 부족하지만 몇 권의 책을 낼 수 있었던 것도 책장을 정리한 이후의 일이다.

끝까지 가야만 한다면 시작이 어렵다

조금 심하게 말하자면 나는 '가다가 그만두면 아니 간만 못하다'는 말이 딱 맞는 것은 뾰루지를 짤 때 정도라고 생각한다. 다 알고 있겠지만 뾰루지를 짤 때는 모질게 끝까지 짜야 한다. 아프다고 중간에 멈추면 상처만 덧난다. 여드름을 짤 때도 마찬가지이다. 그런데 이 교훈을 다른 일에 확대해서 적용할 경우에는 많은 부작용이

78 　　　　　　　　　　　　　　　　　　　상식이 정답은 아니야

생긴다.

첫 번째 부작용은 끝까지 갈 자신이 없는 경우 아예 시작하지도 않게 된다는 것이다. 일단 시작하면 끝까지 가야하고 중간에 그만두면 아무것도 아니라는, 심지어 시작하지 않은 것만도 못하다는 충고를 평생 듣다보면 시작하는 것에 대한 두려움이 커진다. 그런데 처음부터 어떤 일에 끝까지 갈 자신을 갖는 경우는 아주 드물다. 그렇기 때문에 이 교훈을 너무 맹신하게 되면 자신이 없어서 어떤 일도 시작할 수 없게 된다.

두 번째 부작용은 끝까지 가지 못한 일들의 가치를 부정하게 된다는 점이다. 하지만, 끝까지 가지 못했더라도 일단 시작하고 몇 걸음이라도 갔다면 그만큼 의미가 있다. 하다가 중단했다고 해서 그동안 걸어온 길의 가치가 사라지는 것은 아니다.

작가 빌 브라이슨은 뉴햄프셔주의 작은 마을로 이사한 뒤 우연히 숲으로 향하는 길을 발견했다. 그 길에 '애팔래치아 트레일'이라는 표지판이 세워져 있는 것을 보고, 그는 종주에 나서기로 작정한다. 운동이라고는 해본 적이 없는 중년의 작가는 함께 애팔래치아 트레일을 종주할 친구를 모집했으나 응답한 사람은 단 한 명, 별로 친하지도 않은 데다 자기보다 운동 능력도 떨어지는 친구였다. 그래도 두 중년 남자는 의기투합해 무모한 도전에 나섰다. 그 도전 끝에 쓴 책이 《나를 부르는 숲》이다. 이 책은 세계적인 베스트셀러가 되었고, 아직까지도 전 세계의 수많은 독자들이 찾는 여행서로 사랑받고 있다.

그런데 여기서 꼭 짚고 넘어가야 할 중요한 점이 있다. 바로 빌 브라이슨 일행은 애팔래치아 트레일을 완주하지 못했다는 사실이다. 말하자면 '가다가 중단한' 이야기로 최고의 여행기를 쓴 것이다!

어쨌든 많은 경험을 축적했다. 텐트 칠 줄도 알게 되었고, 별빛 아래서 자는 것도 배웠다. 비록 짧은 기간이나마 자랑스럽게도 몸이 날렵하고 튼튼해졌다. 삼림과 자연 그리고 숲의 온화한 힘에 대해 깊은 존경을 느꼈다. 나는 전에는 미처 몰랐지만, 세계의 웅장한 규모를 이해하게 되었다. 전에는 있는 줄 몰랐던 인내심과 용기도 발견했다. 수백만 명의 사람들이 아직도 모르고 있는 아메리카를 발견했다. 친구를 얻었다. 그리고 집으로 돌아왔다. (…) 우린 3,520킬로미터를 다 걷지 못한 게 사실이지만, 여기에 한 가지 유념해야 할 게 있다. 우린 시도했다. 카츠의 말이 옳았다. 누가 뭐래도 난 개의치 않는다. 우린 애팔래치아 트레일을 걸었다.

(빌 브라이슨,《나를 부르는 숲》, 동아일보사)

삶에는 뾰루지는 짜는 것 말고도 수많은 일들이 있으니 가다 못

갈 것 같아도 일단 시작해보기로 한다. 가다 중도포기해도 할 수 없는 일이고, 어쩌면 쉬었다가 다시 갈 수도 있을 것이다.

일찍 일어나는 새가
벌레를 잡는다

▶ **내 마음대로 해석한 뜻**
성공도 인간의 품격도 일찍 일어나는 것에 달려 있다.
그러니 어쨌든 일찍 일어나라는 뜻.

내가 가장 싫어하는 노래는 "새 나라의 어린이는 일찍 일어납니다~"
로 시작되는 동요이고, 제일 싫어하는 속담은 '일찍 일어나는 새가
벌레를 잡는다'라는 말이다. 나는 7시 반까지 등교해서 0교시 수업
을 해야 했던 시절에 고등학교를 다녔다. 그리고 지금은 8시면 일과
가 시작되는 고등학교에서 25년간 근무하고 있다. 그럼에도 여전히
매일 아침 잠자리에서 몸을 일으키는 게 고역이다. 언젠가는 아침에
1분이라도 더 잘 수 있을 거라는 기대를 품고 자기 전에 모든 걸 준
비해놓은 적도 있었다. 그런데 막상 해보니 꼭 아침에 해야 할 일들
이 있어서 아무 소용이 없었다. 아침밥도 먹어야 하고, 세수하고 화

상식이 정답은 아니야

장도 해야 하는데, 그걸 전날 저녁에 미리 해둘 수는 없는 일이었다. 게다가 나는 아침에 화장실도 꼭 들러야해서 남들보다 더 바쁘다. 결국 이런저런 시도 끝에 좀더 일찍 일어나는 것 외에 다른 방법은 없다는 걸 깨닫게 되었다.

나도 아침형 인간이 되어볼까?

우리는 '아침형 인간'이 되라는 충고를 심심치 않게 듣는다. 사람들은 성공한 사람들은 모두 아침형 인간이었다며, 그들처럼 성공하고 싶다면 아침 일찍 일어나 그 시간을 알차게 활용하라고 조언한다. 나는 이런 말을 접할 때마다 가볍게 넘기지 못하고 정말 그런 걸까 하는 생각에 마음이 흔들린다.

이를테면 아침에 일어나서 글을 쓰면 좋지 않을까 생각해보는 것이다. 매일 두 시간 일찍 일어나서 글을 쓰면 누구든 책을 내는 작가가 될 수 있다는 말도 있지 않은가. 어떤 사람은 아침 시간은 누구에게도 방해받지 않을 수 있는 '나만의 시간'이라고 말하기도 했다. 항상 시간이 부족해 마감 독촉에 시달리는 나로서는 귀가 솔깃해지는 이야기가 아닐 수 없다. 나도 이참에 아침형 인간이 되어볼까? 그러면 언젠가 유명한 작가가 되어 인터뷰할 때 "전 시간이 많지 않은 직장인이라 어떤 방해도 받지 않는 새벽 두 시간을 활용해서 매일 글을 썼습니다. 역시 성공의 비결은 아침에 일찍 일어나는 것에 있죠"라고 우아하게 대답할 수도 있을 것이다.

하지만, 현실에서 내가 새벽 4시에 눈을 뜰 때는 한 가지 경우뿐이다. 드물지만 꽉 차게 놀러갈 때! 차를 타고 가면서 잘 수 있으니까 일단 잠깐 일어난다. 중간에 화장실에 갔다가 다시 자는 셈치고. 나중에 목적지에 도착해서 눈을 뜨면 아무것도 기억나는 것이 없다. 순간 이동을 해서 내가 여기까지 왔나 싶다. 눈을 떴다고 해서, 이불 밖으로 나왔다고 해서 잠이 깬 것은 아니란 말이다.

설혹 새벽에 일어나 두 시간씩 글을 쓰는 데 성공했다 해도 학교에서 일을 제대로 할 수 있을지 걱정되기도 한다. 교사는 생각보다 몸을 많이 써야 하는 직업이다. 그래서 잠이 부족하면 버틸 수가 없다. 또 몸이 편해야 마음도 편한 법인데, 피곤하면 짜증이 날 것이고 아무 죄 없는 아이들이 그 피해를 뒤집어써야 하는 일이 생길 수도 있다.

누군가는 아침 일찍 일어나 운동을 하면 좋다는 말로 나로 유혹한다. 아침에 운동을 하면 직장 일 때문에 운동을 빼먹을 염려도 없고, 상쾌하게 하루를 시작할 수 있다고 하니 꽤나 솔깃해진다. 아침에 일찍 일어나 수영을 하고 출근하면 어떨까. 운동하고 씻는 것까지 한번에 해결할 수 있으니 그것도 매력적이다. 이참에 제대로 수영 강습을 받아서 폼 나게 수영을 할 수 있지 않을까?

그런데 아침 수영을 시작하자니 걸리는 게 한 가지 있다. 우리 가

상식이 정답은 아니야

족이 다함께 모여 식사하는 시간은 아침뿐이다. 아침을 먹으며 서로의 안부를 묻고 함께 의논해야 할 중요한 얘기도 한다. 그런데 건강을 챙긴다는 이유로 가족 가운데 한 사람이 빠지면 곤란하지 않을까. 수영 때문에 가족의 소중한 시간을 포기할 수는 없는 일이다.

일찍 일어난다고 온전히 내 시간을 가질 수 있을까?

결정적으로 두 시간 일찍 일어난다고 해서 그 시간이 정말 '아무에게도 방해받지 않는 나만의 시간'이 될지도 의문이다. 새벽 두 시간을 나만의 시간으로 만들 수 있는 사람이라면 저녁에도 그게 가능하지 않을까. 이를테면 중요한 일을 할 때 가족들이 사소한 집안 일로 그를 방해하지 않거나, 혼자 사는 사람이 그런 경우일 것이다. 그런데 이런 사람들이라면 구태여 아침잠을 쫓아가며 어렵게 아침형 인간이 될 필요가 있을까 싶다.

아침에 일찍 일어나 자기 시간을 마련해야 하는 사람은 저녁에는 그럴 수 없는 처지에 있는 사람들이다. 해야 할 일이 쌓여 있어서 가족 모두가 잠든 시간에도 혼자 깨어 집안일을 해야 하는 사람은 새벽에나 자유로운 시간을 가질 수 있다. 그런데 밤늦도록 일해야 하는 사람이 아침 일찍 일어나려면 잠을 줄이는 것 외에는 다른 방법이 없다. 결국 그들에게 아침에 일찍 일어나라는 충고는 잠자는 시간을 줄이고 좀더 부지런하게 살라는 말과 같다.

혹시 성공에 대한 미련이 남는다면 다시 한 번 생각해보자. 정말로 성공한 사람들은 모두 아침형 인간이었을까? 잠에 대해 연구하는 신경과학자 러셀 포스트(R. Foster)는 TED 강연에서 아침형 인간에 대해 이렇게 말했다.

"아침에 일찍 자고 일찍 일어나면 더 건강해지고 더 부유해진다? 이건 정말 다양한 면에서 문제가 많습니다. 그런 사람들이 더 잘 살게 된다거나 사회경제적인 지위가 올라간다는 그 어떤 근거도 없습니다. 아침형 인간과 저녁형 인간 사이에는 정말 아무런 차이도 존재하지 않습니다! 제가 알기로, 둘 사이의 유일한 차이점이라면, 아침형 인간이 다른 사람들보다 훨씬 우쭐거린다는 것뿐입니다."

부지런함은 항상 옳았을까?

명탐정 셜록 홈즈를 가장 괴롭힌 것은 무엇이었을까? 그것은 해결하기 어려운 살인사건도 아니었고, 범인을 잡기 위해 벌이는 위험한 추격전도 아니었다. 그를 괴롭힌 것은 바로 '사건이 일어나지 않아서 해결할 일이 없는 상태'였다. 오죽하면 "일이 아니라 게으름에 지친다"고 투덜거렸을까? 19세기 영국의 작가 코난 도일이 창조한 셜록 홈즈라는 전무후무한 캐릭터는 산업사회를 대표하는 인물이

상식이 정답은 아니야

다. 그는 이성을 중시하고 논리를 사랑하며 쉼 없이 일을 하는 데서 기쁨을 찾는 존재였다. 산업화된 서구사회는 이런 인물을 이상적인 인간형으로 생각했다. 일에서 삶의 의미를 발견하고, 일을 위해 모든 것을 헌신하는 인물. 셜록 홈즈는 사건 해결을 위해 두뇌를 최대한 효율적으로 활용하려고 때때로 식사를 거르는 것은 물론이고 사랑이나 연애로 시간을 낭비하지도 않았다.

셜록 홈즈라는 캐릭터에 대한 대중의 열광에는 산업사회의 가치관이 담겨 있었다. 그런데 부지런함을 칭송하고 게으름을 혐오하는 가치관은 19세기 영국만의 것은 아니다. 21세기 대한민국에도 그런 가치관이 널리 퍼져 있다. 여름 내내 열심히 일한 개미는 따뜻하게 겨울을 날 수 있지만, 노래나 부르며 게으름을 피운 베짱이는 겨울이 되자 비참한 처지게 놓이게 되었다는 우화를 모르는 사람은 없을 것이다. 또 고3 수험생의 경우에는 노이로제에 걸릴 정도로 4당5락의 신화(4시간 자면 합격하고 5시간 자면 불합격한다는 뜻)에 시달린다. 이렇듯 우리 사회에서 게으름은 혐오의 대상이 되고, 부지런함은 칭송의 대상이 되고 있다.

그 역사를 이해하기 위해《게으름은 왜 죄가 되었나》(이옥순, 서해문집)라는 책을 따라가보자. 이 책은 부지런함을 칭송하는 사회에 대한 의문에서 출발한다. 인간 사회는 과거부터 지금까지 일관되게 부지런함을 칭송했을까? 그리고 그것이 전 세계 어디든지 동일한 현상이었을까? 그야말로 동서고금의 수많은 사례들을 섭렵하면서 작가는 "게으름이 원래부터 죄가 되었던 것은 아니다"라고 결론 내린다. 부지런함을 칭송하는 것은 지배계급의 논리였으며, 이것이 사회의 보편 가치로 확산된 것은 산업화와 함께였다는 것이다.

게으름을 문제 삼는 것은 누구인가? 그리고 누가 게으르다고 지적을 받는가? 주인이 하인의 게으름을 문제 삼는 법은 있어도, 하인이 주인의 게으름을 문제 삼는 법은 없다. 하인이 부지런할수록 주인에게는 이익이기 때문이다. 주인의 입장에서 보면 하인은 늘 게으르고 열심히 일하지 않는 존재이다. 하지만, 하인 입장에서 보면 부지런함은 오히려 해가 되기도 한다. 예를 들어 하인이 어제 부지런히 100만큼의 일을 하고, 오늘은 조금 쉬어가는 뜻에서 80만큼의 일을 했다고 해보자. 어떤 결과가 기다리고 있을까? 열심히 일한 그를 기다리는 것은 주인의 호통일 뿐이다.

영혼이 우리를 따라올 때까지

나태와 게으름이란 단어 안에는 고도의 정치적인 의미가 담겨 있다. 18세기 유럽인들은 캐나다 원주민들이 나태하기 때문에 못사는 것이라고 말했다. 그런데 유럽인들이 게으르다고 평가한 원주민들은 그들의 모피 장사에 협조하지 않는 사람들이었다. 모피 업자들에게 부지런히 모피를 제공하지 않는 사람들을 게으르다고 말했던 것이다. 아프리카 콩고에서도 비슷한 일이 있었다. 벨기에 사람들은 콩고 사람들에게 팜야자를 채집하라고 강요했다. 그런데 그때까지 아프리카 사람들은 필요할 때마다 필요한 만큼만 팜야자를 채집해왔지 한번도 필요한 양 이상을 수확한 적이 없었다. 언제나 싱싱한 팜야자를 구할 수 있는데 구태여 필요하지도 않은 것을 수확해서 저장할 필요가 없지 않은가! 그러니 그들로서는 팜야자를 더 수확하라고 요구하는 벨기에 사람들의 요구를 도무지 납득할 수 없었을 것이다. 게다가 매일 할당된 수확량이 너무 많아서 아무리 노력해도 그걸 채우는 일은 불가능했다. 이런 상황에서 벨기에 사람들은 아프리카 사람들이 너무 게으르다고 비판했다. 그리고 그렇게 게으르고 미개하니 유럽 사람의 지배를 받는 것이 당연한 일이라고 주장했다. 똑같은 이유로 영국인들은 인도인들이 게으르다고 비난했으며, 일본인들은 한국인들이 게으르다고 멸시했다. 게으르니까 식민지로 전락하는 것도 당연하다는 것이 그들의 논리였다.

제국주의 시대를 지나 자본주의 시대에 들어선 이후에도 동일한 논리가 작동하고 있다. 자본주의 사회에서는 더 큰 아파트, 더 좋은 차, 더 멋진 세상을 원한다면 지금보다 더 많은 돈을 벌어야 한다고 말한다. 그리고 그러기 위해서는 당연히 더 오래 일해야 한다. 남들보다 몇 배 더 부지런하게 움직이는 사람만이 풍요를 만끽할 수 있다는 건 자본주의의 신화이다.

하지만, 게으름은 지극히 인간적인 삶의 속도일 수도 있으며 창조의 원천일 수도 있다. 손으로 글자를 베껴 쓰는 것을 귀찮아했던 구텐베르크(Johannes Gutenberg)는 활자를 발명했고, 허리를 굽혀 끈을 묶는 것을 귀찮아했던 휘트콤 저드슨(Whitcomb L. Judson)은 지퍼를 발명했다. 미국 시카고의 직공 출신으로 몸이 뚱뚱했던 저드슨은 아침마다 허리를 숙여서 군화 끈을 매야 하는 것이 번거로워서 회사를 그만두고 연구에 몰두해 마침내 지퍼를 발명해냈다고 한다.

《게으름은 왜 죄가 되었나》에는 미하엘 엔데의 《엔데의 메모장》에 소개된 인디오 원주민들의 이야기가 나온다.

한 탐험대가 유적을 발굴하러 가다가 정글을 지나갔습니다. 일행 중에는 짐을 운반하는 인디오 원주민이 몇 사람 있었습니다. 처음 나흘은 일정표대로 진행되었지요. 그런데 5일째가 되자 인디오들이 전진하는 걸 거부했습니다. 당황한 탐험가들은 돈을 더 주겠다고 회유했습니다. 어르기도 하고 윽박지르기도 했으나 소용이 없었습니다. 심지어 총으로 협박도 했고요. 그러나 그들은 요지부동이었지요. 그렇게 이틀이 지나자 인디오들은 다시 목적지를 향해 나아갔습니다. 탐험가들이 왜 그랬느냐고 묻자 한 인디오가 대답했습니다. "너무 빨리 걸었기 때문에 영혼이 우리를 따라올 때까지 기다린 겁니다."

아메리카 인디언들에게는 너무 부지런한 것은 미덕이 아니었다. 그들은 한 지역에 정착해서 살다가 사냥감이 떨어지면 그곳을 뒤로 하고 다른 곳으로 이주했다. 땅을 황폐하게 만들지 않고, 그 땅이 다시 생명력을 회복할 시간을 주기 위해서였다. 그런 사정을 이해하지 못한 유럽인들은 땅을 개간해 열심히 농사짓지 않고 더 열심히 사냥하지 않는 그들을 게으르다고 손가락질했다.

부지런함이 나쁘다는 얘기가 아니다. 다만 나는 부지런함은 항상 옳고, 게으름은 항상 틀리다는 생각이 잘못된 거라는 걸 말하고 싶었다. 만약 당신이 지금 너무 지쳤다면 잠시 게으름을 피워도 괜찮다. 삶의 속도를 자신에게 맞게 조절할 권리는 누구에게나 있으니까. 잠시 영혼이 우리를 따라올 시간을 갖자.

2장

충고에서 찾은
상식의 배반

혼자는
외롭다

▶ **열린 사고를 위한 새로운 해석**
형제가 몇 명이라도 인간은 원래 외로운 법이다.

나는 외동아이를 둔 엄마이다. 아이가 어렸을 때는 이런 말을 많이 들었다. "왜 하나만 낳았어요? 혼자는 외롭잖아요." 사람들은 아이가 혼자 자라면 외롭다고 걱정스레 말한다. 어떤 사람은 혼자 자란 아이는 남을 배려할 줄 모르고 사회성이 떨어질 수도 있다는 말을 하기도 했다. 그런 말을 들을 때마다 나는 겉으로 내색은 안했지만 약간의 두려움을 느끼곤 했다.

부모가 된다는 것은 걱정과 두려움이 많아진다는 뜻이다. 부모가 되기 전까지는 최소한 내가 노력하기에 따라 달라지는 세상에 머무를 수 있다. 그러다 부모가 되면 내 노력으로 해결되지 않는 일이 너무나 많은 세계로 이동한다.

아이를 낳아 부모가 되는 일부터가 그렇다. 노력을 해도 아이가 생기지 않아 속앓이를 하는 사람도 많다. 물론 난임 치료라는 것도 있으니 어느 정도는 노력이 차지하는 부분이 있겠지만, 애쓴다고 해서 꼭 아이가 생기는 것은 아니다. 아이를 낳고 키우는 과정도 마찬가지이다. 부모라면 누구나 아이가 아무 탈 없이 성장해주기를 바라지만, 그건 부모의 노력만으로 안 되는 부분이다. 아이가 어떤 사람으로 자랄 것인가는 정답이 없는 문제이다. 그러니 부모는 다만 걱정하고 두려워할 뿐이다.

보통 부모들이 하는 일반적인 걱정에 더해 나는 한 가지를 더 얹고 살았다. 내가 동생을 낳아주지 않아서 아이가 외롭게 살면 어쩌나 하는 걱정이었다. 혹시 사람들 말대로 아이가 정말 자기만 알고 남을 배려할 줄 모르는 어른으로 자라서 세상 사람들이 등을 돌리면 어쩌나 하는 걱정도 했다.

외로움은 인간의 숙명

그런데 사람들 말대로 형제가 많다고 해서 외롭지 않을까? 사실 외로움의 문제는 인간이 짊어지고 가야 하는 숙명 같은 것이다. 외로움이라는 감정은 가족이나 형제자매가 많다고 해서 해결되지 않는다. 인간은 본래 외롭게 태어난 존재이기 때문이다. 부모 자식 사이에도, 부부 사이에도, 형제자매 사이에도, 설령 쌍둥이라 해도 서로가 이해하지 못하는 부분이 있는 법이다. 같은 핏줄로 태어나 함께 산다고 해도 우리는 본질적으로 서로에게 타인이다.

그래서 우리는 늘 마음 한구석에 외로움을 달고 산다. 그리고 그 외로움을 해결하기 위해 친구를 사귀고, 대화를 나누고, 사랑을 한다.

외로움 자체는 문제가 되지 않는다. 문제가 되는 것은 외로움과 마주치는 것이 두려워 도망칠 때이다. 외로움을 못 견디는 사람은 결국 다른 사람들에게 폐를 끼치게 된다. 퇴근하려는 부하 직원을 붙잡아 회식을 강요하거나, 토요일에 등산을 가자며 불러내는 직장 상사가 그런 경우이다. 외로운 게 싫다고 메신저나 SNS에 과도하게 집착해 잘 때도 손에서 스마트폰을 놓지 못하는 사람도 많다. 그래서 나는 "왜 애를 하나만 낳았어요? 혼자면 외롭잖아요"라고 말하는 사람들에게 이렇게 대답한다. "인간은 혼자든 둘이든 원래 외로운 법이에요."

그렇다면 숙명적인 외로움에 의연하게 대처하는 방법은 무엇일까? 먼저 외로움을 자연스러운 것으로 받아들이는 자세가 시작일 것이다. 외로움은 부끄러운 일이 아니며, 결핍도 아니다. 그것은 우리가 언젠가는 죽게 될 숙명을 가지고 태어난 존재라 해서 부끄러워하거나 결핍을 느끼지 않는 것과 마찬가지이다. 외로움은 인간의 자

상식이 정답은 아니야

연스러운 존재 방식이다.

다음으로 할 일은 외로운 내가 똑같이 외로운 상대방의 손을 잡고 어깨동무를 하고 포옹을 하는 것이다. 만약 인간이 외로움을 느끼지 못하는 존재라면 우리는 각자 흩어져 살아갈 것이다. 그런데 다행히 외로움을 느낄 수 있기에 상대방의 온기를 갈망한다. 그리고 그 온기로 인해 내 곁에 있는 이들에게 고마워할 수 있다.

마지막으로 다른 이와 함께하더라도 홀로 서야 한다는 걸 늘 기억해야 한다. 홀로 걸을 수 있는 사람만이 진정으로 다른 사람과 함께 갈 수 있다. 때때로 다른 사람의 어깨에 기대야 할 때가 생길 수도 있지만 언제든 홀로 설 능력을 키워나가는 것이 중요하다. 예를 들어 독서 모임이 아무리 좋더라도 홀로 책을 읽는 시간을 가질 수 없다면 아무 소용없을 것이다. 그 사람은 모임에 백 번을 참가하더라도 독서 모임의 진정한 구성원이 될 수 없다.

세상에는 수많은 표준이 존재한다

그런데 사람들은 왜 외동아이의 성격을 걱정하는 것일까? 혼자 자랄 때 잘 발현될 수 있는 장점이 있고, 형제자매와 함께 자랄 때 잘 발현될 수 있는 장점이 있는 법이다. 인간사에 나쁘기만 한 것도 없고 좋기만 한 것도 없는 법이니까. 그런데 유독 외동아이에게는 좋은 점은 하나도 얘기하지 않고 자기만 아는 이기적인 성격으로 자랄 거라는 악담을 서슴지 않는다.

'피그말리온 효과'라는 것이 있다. 피그말리온이 자신이 만든 조각품을 사랑하게 되어 그것이 사람이 되기를 간절히 원하자, 어느날 그 돌덩어리가 진짜로 사람이 되었다는 그리스 신화에서 유래된 말인데, 결국 말하고 원하는 대로 이루어진다는 의미를 담고 있다. 멀쩡한 아이에게 계속 '너는 외동이라 성격도 나쁘고 사회성도 떨어지는 어른으로 자랄 거야'라고 말한다면 사람들이 말한 대로 정말 그런 어른이 되지 않을까. 무한한 가능을 지닌 아이를 두고 그렇게 부정적인 말을 하는 것은 아이에게도 아이의 부모에게도 예의가 아니다.

그런데 정말 이상한 것은 아이가 둘인 부모에게는 아무도 "왜 아이를 둘이나 낳으셨어요?"라고 묻지 않는다는 점이다. 아이가 둘이라서 아이들이 성격이 완벽해지지도 않을 것이고, 외로움과 천리만리 떨어진 삶을 살 것도 아닐텐데도 그렇다. 오로지 외동아이만이 걱정의 대상이 될 뿐이다.

그 이유는 사람들이 부부와 두 명의 아이(기왕이면 딸과 아들이 좋다)로 이루어진 가족을 표준으로 생각하기 때문이다. 누구도 나쁜 의도를 가지고 외동아이를 걱정하고 악담 비슷한 말을 하지는 않았을 것이다. 다만 세상 사람들이 생각하는 가족의 표준이 있고, 그것에서 어긋나는 걸 경계하는 마음을 은연중에 그렇게 표현한 거라고

상식이 정답은 아니야

봐야 한다.

그런데 세상에는 이혼 가정, 비혼 가정, 조손 가정 등 세상 사람들이 생각하는 가족의 표준에서 한참 벗어난 다양한 가족의 형태가 있다. 나 또한 아버지가 일찍 돌아가셨기에 '한부모 가정'에서 성장했다. 내가 그런 가족의 형태가 일반적이지 않으며, 사람들이 그걸 잘못되었다고 생각한다는 걸 알게 된 건 고등학교 때였다. 우연히 담임 선생님의 책상 위에 놓인 노트를 보게 되었는데 '선도가 필요한 학생 명단'에 내 이름이 올라와 있었다. 그때의 충격이라니! 내가 선도가 필요한 학생으로 분류된 이유는 편모 가정의 아이였기 때문이었다.

편모 가정에서 자란 아이들은 걸핏하면 아버지가 없어서 버릇이 없다는 말을 듣는다. 또 혹시 무슨 문제라도 일으키면 아버지가 없어서 그런 거라며 이래서 가정교육이 중요하다는 소리까지 들어야 한다.

우리가 당연하게 여기는 표준 가족의 이미지는 사람들 머릿속에서 우연히 자라난 것이 아니다. 그것은 사회구조적인 문제에서 비롯된 것이다. 즉, 아이를 키우고 아픈 가족을 돌보고 나이든 부모를 보살피는 일을 가족 안에서 모두 해결해야 하는 부실한 사회 구조에서 만들어진 편견인 것이다. 국가와 사회가 국민들에게 아무것도 해주지 않고 뒷짐만 지고 있는 사회에서 믿을 것은 오로지 가족 밖에 없다. 그래서 '제대로 된 가족'을 그토록 중요하게 여기는 것이다. 그러나 이미 전통적인 가족상은 해체되어 가고 있으며, 세상은 빠르게 변하고 있다. 허황된 가족의 표준에 벗어난 수많은 가정이 존재하고, 그들은 세상의 짐작과는 달리 모두 나름의 방식으로 잘 살고 있다. 아마 세상의 편견이 없다면 더 잘 살아갈 것이다.

우리 사회도 이제는 가족에만 의지하는 사회 구조에서 벗어나 혼자여도 충분히 잘 살 수 있는 튼실한 사회적 안전망을 만들어야 한다. 인간은 본래 외로운 존재라는 사실을 받아들이는 사회, 혼자인 것이 걱정거리가 되지 않는 사회는 그런 바탕 위에서 만들어진다.

공부에도
때가 있다

▶ **열린 사고를 위한 새로운 해석**
공부는 평생 하는 것이고 정해진 때가 있는 것이 아니다.
지금 공부하지 못하는 사람이 있다면 그에게는 그럴만한 사정이 있을 것이다.

학창 시절에 제일 많이 들었던 충고 가운데 하나는 '모든 일에는 다 때가 있는 법이고, 공부에도 때가 있다'는 말이었다. 어른들이나 선생님들이 늘 강조했던 이 말은 당시 나에게 강력한 힘을 발휘했던 것 같다. 열심히 공부해야지 다짐하고 그것을 실천에 옮기는 데는 여러 가지 동기가 작용하겠지만, 때를 놓치면 안 된다는 경고만큼 확실하게 동기 부여가 되는 명언은 찾아보기는 힘들다. 생의 시간은 되풀이되지 않고 시간은 되돌릴 수 없으니, 이 말대로 정말 공부에도 때가 있다면 그 시기를 놓치면 영영 공부할 기회가 오지 않을 것 아닌가.

사회가 정해준 인생 시간표

그런데 '공부에도 때가 있다'는 말 뒤에는 우리 사회가 설정해놓은 인생의 표준 시간표가 버티고 있다. 그 시간표에 따라 우리는 만 7세에 초등학교에 입학해서 초등학교 6년, 중학교 3년, 고등학교 3년, 이렇게 내리 12년을 달린다. 그다음에는 대학 입학, 취업, 결혼, 출산과 육아 등이 순서대로 기다리고 있다. 거의 대부분의 사람들이 이 표준 시간표에 따라 살기 때문에 어떤 아이가 지금 몇 살인지 알고 싶으면 몇 학년인지를 물어보면 된다.

사회의 표준 시간표에 맞추어 우리는 인생 시간표를 설계한다. 여기서 '설계한다'라고 말했지만 사실 이것은 잘못된 표현이다. 실제로는 자신의 인생 시간표를 설계한 적이 없기 때문이다. 학교에서 1교시 문학, 2교시 체육 하는 식으로 시간표를 정해놓으면 교사와 학생들이 그에 맞추어 움직이는 것처럼, 우리의 인생도 사회가 설정해놓은 표준 시간표에 맞추어 흘러간다. 그리고 그렇지 않은 경우에는 무언가 '문제'나 '하자'가 있는 인생이라는 의심을 받는다.

공부에도 때가 있다는 말을 다시 한 번 생각해보자. 만약 어떤 사람이 학업에 대한 의지는 있는데 돈이 없다면 때를 맞추어서 공부하기는 어려울 것이다. 또 한창 공부할 나이에 한 가정의 가장이 되어 생활비를 버느라 공부할 때를 놓치는 사람도 있고, 학비가 부족해서 어쩔 수 없이 휴학을 반복하는 학생도 있다. 내가 초등학교를 졸업하던 1970~80년대만 해도 곧바로 중학교로 진학하지 못하고 한두 해 쉰 후에 중학교에 입학하는 학생들이 드물긴해도 있었다. 나의 이종사촌 언니만 해도 일 년을 쉬고 중학교에 들어갔다. 서울에서도 그랬으니 시골이라면 더 많은 아이들이 상급학교로 곧바로 진학하지 못하거나, 초등학교를 끝으로 학업을 그만두었을 것이다.

돈뿐만 아니라 건강 문제로 제때 공부하지 못하는 사람도 있다. 큰 병에 걸려 건강이 회복될 때까지 잠시 학업을 중단했다가 영영 공부할 때를 놓쳐버리는 경우가 그렇다. 장애를 가진 사람들도 제때에 공부하기 어렵다. 장애인을 위한 교육 여건이 많이 개선되었다고는 해도 여전히 장애인에 대한 배려가 부족한 우리나라의 현실 속에서 그들이 때를 맞추어 공부하는 것은 참으로 어려운 일이다.《그럼에도 불구하고 수업합시다》라는 책에는 장애인들이 처한 현실이 이렇게 그려지고 있다.

아무렇지 않게 사람들이 그러죠. 장애인이 배워서 뭐하냐고, 공부해서 뭐하냐고, 어디 가서 써먹을 데도 없지 않느냐고. 그 사람들은 모를 거예요. 나이 사십이 다 되어서 한 글자 한 글자 배워서 신문도 보고 책도 보고 간판도 읽을 수 있는 행복은 겪어보지 않은 사람은 아무리 설명해줘도 모르겠지요.

(홍은전,《그럼에도 불구하고 수업합시다》, 까치수염)

여러 가지 사정으로 사 년 동안 고등학교를 다니는 아이들도 더러 있다. 대부분은 결석이 너무 많아 출석 일수를 채우지 못해서 진급이 안 된 경우이다. 190일의 수업 일수 가운데 1/3 이상을 결석해야 출석 일수 미달이 된다. 이때 지각이나 조퇴는 모두 제외하고 계산하기 때문에 웬만해서는 출석 일수 미달이 되기 어렵지만, 너무 자주 결석을 해서 유급당하는 아이들도 있다. 그런 아이들은 대체로 형편이 좋지 않다. 경제적인 어려움, 부모의 학대나 방치, 학습 부진, 학교 부적응, 범죄 등이 그 아이들이 학교로부터 멀어지는 이유이다.

이렇게 고등학교를 사 년씩이나 다니고 있는 아이들에 대한 사회의 시선이 좋을 리가 없다. 그래서 어려운 사정으로 때를 놓친 아이들은 '따가운 시선'까지 덤으로 안고 힘겹게 학교를 다녀야 한다. 이런 아이들에게 '공부에도 때가 있다'는 충고는 이제는 상황을 돌이킬 수 없다는 말과도 같다. 너희들은 이미 때를 놓쳤으니 앞으로 못 배운 채로 살아가거라, 그게 제때에 공부하지 못한 너희들이 짊어져야 할 짐이다, 라는 말과 다름없는 것이다.

학교를 다닐 사정이 안 되어서 어쩔 수 없이 학업을 포기했다가 상황이 나아진 후 다시 공부하기로 한 사람, 혹은 나이 들어서 새로운 공부를 시작하려는 사람들에게도 '공부에도 때가 있다'는 말은 족쇄가 된다. 아, 이제 늦었구나, 나는 새로운 삶을 기획할 수 없구나

상식이 정답은 아니야

하며 절망하고 주저앉게 된다.

진짜 공부에는 때가 없다

나는 '공부에도 때가 있다'는 말이 공부에 대한 잘못된 생각을 담고 있다고 생각한다. 우선 이 말은 공부가 무언가를 이루기 위한 수단이라는 전제를 담고 있다. 때를 맞추어 해야 하는 공부는 어떤 공부인가. 그런 공부는 시험이나 자격, 학위를 위한 공부로, 다른 목적을 이루기 위한 수단이 된다. 때를 맞추어 이루어야 할 어떤 것이 있기에 반드시 그때에 공부해야만 하는 것이다. 만약 그냥 즐거워서 하는 공부, 행복해지기 위한 공부, 좀더 좋은 사람이 되기 위한 공부라면 꼭 때를 맞출 필요는 없을 것이다. 우리는 평생토록 즐겁고 행복하고 더 좋은 사람이 되기 위한 노력을 멈추어서는 안될 테니까.

둘째로 거기에는 공부가 어떤 특정한 지식을 습득하는 것이라는 생각이 담겨 있다. 우리가 공부에도 때가 있다고 말할 때의 때란 젊은 시절을 말한다. 한 살이라도 어릴 때, 두뇌 회전도 잘 되고 체력도 넘칠 때, 한 글자라도 더 공부해야 한다는 논리이다. 여기에는 나이가 들면 공부하기 어렵다는 생각이 담겨 있다. 아홉 살짜리 아이에게는 동시 하나를 외우고 영어 동화 하나를 외우는 것은 그리 어려운 일이 아니다. 마치 사진기처럼 아이는 습득한 것을 곧바로 재현해낸다. 아마 그 나이 때 우리도 그랬으리라. 하지만, 지식을 습득하고 암기하는 것만이 공부는 아니지 않은가. 우리는 더 좋은 사람이 되기 위해 공부하고, 더 좋은 세상을 만들어가기 위해 공부한다. 또 세상의 본질에 좀더 다가가기 위해서, 진실에 좀더 접근하기를 갈망하면서 공부한다. 그리고 그런 공부는 연륜이 쌓일수록 더 빛을 발하는 법이다.

셋째로 '공부에도 때가 있다'는 말은 공부를 책을 보고 하는 공부, 특히 학교에서 하는 공부로 한정한다는 문제점이 있다. 그런데 세상을 살아가면서 만나는 사람은 누구나 나의 스승이 될 수 있다. 그리고 내 삶의 마디마디가 모두 배움의 장이 될 수 있다. 그런 진리를 안다면 공부에는 때가 있을 수 없다. 공부는 평생 하는 것이다.

평범한 청소부가 행복하게 공부하기 위하여

《행복한 청소부》라는 독일의 그림책이 있다. 이 책에는 작가와 음악가의 이름이 붙은 거리를 청소하는 어느 남자의 이야기가 나온다. 그는 거리에 붙은 작가와 음악가의 이름을 청소하다가, 자신이 그들에 대해 아무것도 아는 것이 없다는 것을 깨닫고 공부를 시작한다. 도서관에서 작가들의 책을 빌려 읽고, 음악가가 작곡한 곡을 연주하는 음악회에도 찾아간다. 어느새 그는 자신이 청소하는 거리에 붙은 작가와 음악가에 대해 누구보다도 잘 아는 전문가가 된다. 심지어 대학의 초청도 받지만, 지금 하는 일이 충분히 만족스럽다며 그 제의를 거절한다. 이 책에는 자기가 하는 일에 애정을 가지고 최선을 다한다면 누구나 그 일에서 훌륭한 성과를 낼 수 있고, 더 나아가 사람들의 존경을 받을 수 있다는 교훈이 담겨 있다.

그런데 현실에서 이런 일이 가능하기 위해서는 최소한 공부를 해보고 싶다는 마음이 생길 정도의 여유시간은 있어야 한다. 그리고 마음먹은 공부를 시작할 수 있는 도서관이나 시민강좌 같은 문화적 환경도 필요하다. 어떤 사람이 매일 야근에 녹초가 되도록 일해야 한다면 공부에 대한 의욕이 생길 수 있을까? 그는 아마도 내일의 출근을 걱정하며 공부 대신 휴식을 선택할 것이다. 그리고 어렵게 공부를 택한다 하더라도 문화적 환경이 갖추어져 있지 않다면 계속 공부를 이어가기는 어렵다. 우선 퇴근길에 들러 책을 빌릴 수 있는 도서관이 있어야 하고, 그곳에 전문가 수준의 공부를 할 수 있는 소장도서가 구비되어 있어야 한다.

이처럼 평범한 청소부가 행복하게 공부하기 위해서는 한 개인의 노력을 넘어서는 사회적 뒷받침이 필요하다. 평생 공부를 위해서는 한 개인이 제대로 마음을 먹는 것만으로는 충분하지 않다. 무엇보다 그가 한 분야의 전문가가 되는 동안 그의 일터가 안정적으로 유지되어야 한다. 만약 노동자들이 수시로 해고를 당하고 새로운 근무지를 찾아야 하는 직장이라면 자신이 청소하는 거리에 대해 충분히 공부할 수 없을 것이다. 거리의 청소부가 대학의 제의를 거절하고 지금

하는 청소 일을 계속하겠다고 선택한 것에는 어떤 일을 하든 삶의 질이 크게 달라지지 않는다는 전제가 있다. 실제로 《행복한 청소부》의 나라 독일의 직업별 임금 격차는 우리에 비해 훨씬 작다. '공부에는 때가 있다'며 놀아야 할 때 놀지도 못하게 어린 아이들을 몰아붙이는 사회보다는 평생 공부할 수 있는 여건을 마련해주는 사회가 바람직한 사회일 것이다.

모든 일에
최선을 다하라

▶ **열린 사고를 위한 새로운 해석**
모든 일에 최선을 다하는 건 불가능하다.
최선을 다해야 하는 일과 그럴 필요가 없는 일을 구분할 줄 알아야 한다.

학창 시절을 떠올려보면 교실 벽에 걸려 있던 급훈들이 생각난다.
내가 학교를 다니던 시절에 제일 흔했던 급훈으로 '모든 일에 최선
을 다하라'는 말이 있었다. 이후 시절이 변하고 시대 정신이 바뀌면
서 '한 사람의 열 걸음보다 열 사람의 한 걸음'처럼 '함께'라는 가치
를 강조하는 급훈이 걸리기도 하고, '처음처럼'이라는 매우 시적인
단어가 급훈이 되었던 때도 있었다. 지금의 학교 풍경은 어떨까? 내
가 근무하는 학교에는 급훈이라는 것이 아예 없다. 그래도 '모든 일
에 최선을 다하라'는 말은 여전히 여러 곳에서 많은 사람들의 입을
통해 강조되고 있다.

이 말을 접할 때마다 나는 권투선수 김득구가 생각난다. 그의 이름을 잘 모르는 사람도 있겠지만, 우리 세대에게 그는 최선의 가치를 설파하는 인물이었다. 그는 링 위에서 최선을 다하다 끝내 목숨을 잃은 권투선수이다.

1955년 강원도 고성에서 태어난 김득구 선수는 아버지의 죽음과 어머니의 재혼, 이복형제들과의 불화 등으로 불우한 유년시절을 보내고, 열네 살이 되던 해 무작정 서울로 상경했다. 이후 우연히 권투를 시작하게 되어 동아체육관이란 곳에서 삼 년간 아마추어 활동을 하다가 1978년 4라운드 판정승으로 프로 권투계에 데뷔했다. 그리고 한국 라이트급 챔피언, 동양 라이트급 챔피언에 오르며 전성기를 구가하게 된다.

그러던 중 1982년 11월 14일, 미국 라스베이거스 시저스 팰리스 호텔에 마련된 특설 링에서 미국의 레이 맨시니(R. Mancini) 선수와 세계권투협회(WBA) 라이트급 타이틀전을 갖게 된다. 한국 프로복싱 사상 최초의 라이트급 세계 도전이었다. 김득구 선수는 맨시니가 절대 우세하다는 여론의 예상을 뒤집고 대등하게 경기를 진행해 나갔으나, 14라운드에서 맨시니의 결정타를 맞고 쓰러졌다. 이후 의식을 회복하지 못하고 4일간 뇌사 상태에 있다가 끝내 세상을 떠났다.

김득구 선수의 사망 사건 이후 권투의 존립 여부를 두고 뜨거운

논쟁이 일어났다. 비난 여론이 점점 커지자 국제권투기구들은 15회 경기를 12회로 줄이고, '스탠딩 다운제'를 도입하는 등 선수 보호를 위한 다양한 대책을 내놓게 되었다.

전 세계로 중계되던 스포츠 경기에서 선수가 목숨을 잃은 사건은, 그 경기를 지켜보던 수많은 사람들을 충격으로 몰아넣었다. 아직 어린 아이였던 나도 충격이 컸다. 수많은 시청자 가운데 한 사람에 불과한 나에게도 그랬으니, 관련자들이 겪은 고통이야 말해 무엇하겠는가. 김득구 선수의 어머니는 약 두 달 후 자살로 생을 마감했고, 당시 심판이었던 리처드 그린도 7개월 뒤에 자살했다. 그리고 상대 선수였던 레이 맨시니는 수차례 자살을 시도한 끝에 결국 권투를 그만두었다.

전 국민의 기대를 한 몸에 받고 출전한 경기였다. 한국 최초의 라이트급 세계 도전이었고 자신의 운명을 바꿔줄 결정적인 승부였다. 김득구 선수가 최선을 다해 경기에 임할 이유는 충분했다. 그는 경기를 앞두고 출국하면서 "관 하나를 준비했다"라고 비장한 각오를 밝히기도 했다. 그런데 최선을 다하겠다는 각오가 결국은 그를 죽음으로 이끌고 말았다.

최선을 다해 공부하지 않는 아이에게도 사정은 있다

우리는 모든 일에 최선을 다하라는 충고 속에서 성장한다. 늘 더 노력하고 열심히 하겠다며 다짐하고, 어떤 일에 실패했을 때는 최선을 다하지 못한 자신을 탓한다.

하지만, 최선을 다한다고 해서 실패하지 않는 것은 아니다. 어떤 일에 성공하거나 실패하는 것에는 한 개인의 노력 이외에도 수많은 요소들이 작용하기 때문이다.

대학 입시를 앞둔 고3 교실에서는 대부분의 아이들이 최선을 다하지 않는다고 질책을 받는다. 어른들은 지금이라도 네 인생에 대한 책임을 다하라며 아이들을 닦달한다. 그런데 그런 잔소리를 들으면서도 어떤 아이들은 공부는 뒷전이고 게임에만 열중한다. 학교에 나오기는 하지만 멍하니 앉아서 그저 시간이 빨리 지나가기만을 바라는 아이들도 있다. 심지어는 종일 책상에 엎드려 자기도 하고, 점심시간이 다 지나고 7교시에 등교해서 달랑 한 시간만 학교에 있다 가는 것으로 출석 일수를 근근이 채우며 졸업할 날만을 기다리는 아이들도 있다.

어른들은 왜 공부를 하지 않느냐고 묻지만, 이 아이들은 공부를 안 하는 것이 아니라 못하는 것이다. 어렸을 때부터 공부하는 습관이 몸에 배지 않은 아이들은 뒤늦게 정신을 차리고 공부해보려 해도 이미 너무 늦었다는 혹독한 진실을 마주할 뿐이다. 애써 자리에 앉아 교과서를 펼쳐도 모르는 것투성이라 한 걸음도 나아갈 수 없다. 그런 아이들에게 죽기 살기로 덤빈다면 못할 것이 뭐가 있느냐고 질

상식이 정답은 아니야

책하는 어른들도 있을 것이다. 그런데 죽기 살기로 덤비는 것도 절대 쉬운 일은 아니다. 나는 그런 질책을 하는 사람들에게 당신들은 일생에 한 번이라도 죽기 살기로 덤벼들었던 적이 있었느냐고 묻고 싶다.

애초에 공부하는 것이 쉬웠다면 그 아이들이 그렇게까지 공부와 멀어지지는 않았을 것이다. 실제로 공부가 유독 어려운 아이들이 있다. 그런 아이들이 고등학교에 입학해 고3이 되면 공부는 더욱 어려운 것이 된다. 물론 노력을 하면 조금 나아질 수는 있겠지만, 9등급이었던 학생이 7등급이 된다고 해서 상황은 크게 달라지지 않는다. 7등급도 9등급과 마찬가지로 대학 진학에 도움이 되는 성적은 아니기 때문이다. 그래도 이 아이들에게 최선을 다했다는 경험은 남는다고 말할 수 있을까. 지금 최선을 다한 경험이 앞으로 다른 일에도 최선을 다할 수 있도록 너를 도와줄 것이라고 말할 수 있을까. 실패가 분명한 일에 매달려 최선을 다하도록 아이를 이끄는 것은 과연 좋은 일일까.

공부를 아예 포기하고 아르바이트를 해서 돈을 버는 것을 택하는 아이들도 있다. 공부가 내 승부처가 아닌 게 확실하다면 과감히 접고 공부할 시간에 차라리 돈이라도 버는 것이 낫다고 생각하는 것이다. 누군가는 그렇게 아르바이트를 해서 번 돈을 의미 있게 쓰는 것도 아니지 않느냐고 비난할지도 모른다. 실제로 돈을 벌어 생활비에 보태는 기특한 아이들은 좀처럼 찾아보기 힘들다. 대부분의 아이들이 아르바이트를 해서 번 돈으로 최신 스마트폰 같은 부모님이 사주지 않는 고가품들을 산다.

그런데 사실 넉넉한 형편의 고3 학생이 아르바이트를 하는 경우는 거의 없다. 아르바이트에 나서는 아이들은 집안이 넉넉하지 못해 용돈이 부족한 아이들이다. 그 아이들은 돈을 벌어 생활비에 보태지는 못해도 그걸로 자기들의 용돈은 해결한다.

세상은 이것도 필요하고 저것도 필요하다며 아이들에게 끊임없이 욕망을 불어넣는다. 그런데 남루한 집안 형편으로 인해 욕망은 계속해서 좌절된다. 그리고 형편없는 성적으로 떨어진 자존감은 물질적인 결핍 때문에 이중으로 무너진다.

뒤늦게라도 정신 차리고 열심히 공부해서 원하는 대학에 진학하거나, 어려운 가정 형편에 좌절하지 않고 공부에 더 매진하는 기특한 학생들도 있다. 하지만, 누군가 그런 어려운 일을 해냈다고 해서 모두가 그 일을 해내야 하는 것처럼 얘기해서는 안 된다. '최선을 다하라'는 말이 평범한 우리들에게 일상적으로 주어지는 충고라면, 최선을 다하지 못하는 사정도 그에 맞추어 헤아려주어야 할 것이다. 알고 보니 뒤늦게 공부해 대학에 들어간 그 학생이 평균 이상의 '학습 능력'을 가지고 있어서 좋은 결과를 얻었던 것일 수도 있고, 가정 형편은 어려워도 공부에만 집중할 수 있도록 배려해주는 환경 속에서 공부하는 아이들도 있다.

최선을 다하지 않아서 실패한 것이 아니다

대학 입시를 앞둔 고3 아이들의 사정만 이렇겠는가. 일상의 무거움을 어깨에 이고 살아가는 누군가도 그러고 싶은 마음이 있어도 최선을 다하기 어렵다. 학비를 모으기 위해 최저 시급을 받으며 편의점에서 야간 아르바이트를 하는 대학생이 어떻게 최선을 다해 시험공부를 할 수 있겠는가. 또 대형마트에서 다리가 퉁퉁 붓도록 "어서 오세요, 고객님!"을 외치다 밤늦게 귀가하는 여성이 어떻게 자녀 양육에 최선을 다할 수 있겠는가. 이들에게도 최선을 다하고 싶은 마음은 누구 못지않게 간절할 테지만 그럴 수 없는 저마다의 사정이 있는 것이다.

교사로서 아침도 제대로 챙겨먹지 못하고 등교하는 아이들을 볼 때마다 안타까운 마음이 든다. 하지만, 그럴 수밖에 없는 부모들의 사정도 충분히 이해한다. 밤늦도록 끝나지 않는 회사일로 파김치가 되어 귀가한 부모가 다음 날 새벽같이 일어나 아이의 아침밥을 차려주기는 어렵다. 세상에는 단지 개인의 의지만으로 돌파할 수 없는 난관이 도처에 있는 법이다.

한편으로는 지금 하고 있는 일에 최선을 다해도 좋은 결과를 예상할 수 없는 일도 많다. 처음부터 내게 유리한 게임이 아니었던 탓이다. 예를 들어 대학 입시의 경우에는 영어나 수학 점수가 잘 나오는 학생들이 절대적으로 유리하다. 능력 있는 사람이 성공하는 것이 당연하다고 말할지도 모르지만, 그 능력이 영어나 수학 같은 몇 개의 과목에만 국한된다면 그것이 공정한 게임인지 다시 생각해보아야 하지 않을까.

만약 자신이 재능 있는 분야에서 승부를 가릴 수 있는 세상에 살고 있다면 정말 운이 좋은 것이다. 신석기 시대에 태어난 인간에게 수학을 잘하는 머리가 무슨 소용이 있겠는가. 그 시대에는 수렵과 채취 능력이 가장 중요했을 것이다. 그러기 위해서 누구보다도 빨리 오래 달릴 수 있는 능력과 민첩하게 움직이고 대담하게 공격할 수 있는 능력, 그리고 빠른 판단력이 필요했다. 그 시대에 적합한 이런 능력을 타고난 누군가는 남들보다 훨씬 더 편하게 살 수 있었을 것이다.

노력? 최선? 야 그게 얼마나 사람을 힘들게 하는 건데. 육상대회에서 너보다 키도 크고 운동도 잘하는 아이와 한 조가 되었다고 생각해봐. 네가 하루 한 시간 정도 훈련한다면, 걔는 하루 30분만 훈련해도 널 충분히 이길 수 있을 거야. 타고난 신체 능력과 운동신경을 훈련과 노력으로 극복한다는 건 쉽지 않은 일일 테니까. 그게 바로 개인차라는 거야. 아무리 노력해도 극복할 수 없는 것.

상식이 정답은 아니야

그 차이를 깨닫는 순간 우리는 절망하게 되는 거지.

(우광훈, 《나의 슈퍼 히어로 뽑기맨》, 문학동네)

언젠가 동료 교사가 이런 말을 했다. "아무래도 나는 나이가 스펙인 것 같아." 교사 임용 시험이 천문학적인 경쟁률을 기록하고 있는 요즘, 그 경쟁을 뚫고 정규직 교사가 된 젊은 친구들을 보면서 한 말이다. 그는 자신이 정규직 교사가 될 수 있었던 건 71년생이었기 때문인 것 같다며, 10년 혹은 20년만 늦게 태어났어도 절대 교사가 되지 못했을 거라고 했다. 그 얘기를 들으며 나는 고개를 끄덕일 수밖에 없었다. 내가 시험을 볼 때도 경쟁은 치열했지만 요즘보다는 모든 면에서 훨씬 쉬웠다.

최선을 다하라고 함부로 말하지 마라

대학 입시를 준비하는 학생들에게 어른들은 후회가 남지 않도록 최선을 다해야 한다고 말한다. 그런데 예전에 나는 고등학교 삼 년 동안 죽기 살기로 공부만 했다며, 너희들도 그렇게 해야 한다고 얘기하기 전에 잠깐 생각해보라. 그때와 달리 지금은 공부만 해서는 대학에 가기 어렵다. 각종 대회에서 수상 경력도 쌓아야 하고, 봉사 활동도 해야 하고, 자기 주도 동아리 활동도 해야 한다. 또 리더십과 자기 주도적 학습 능력도 보여주어야 하며, 차근차근 진로 준비를

충고에서 찾은 상식의 배반   117

해온 증거도 필요하다. 단군 이래 최대 스펙이 필요하다는 말이 그냥 나온 소리가 아니다. 심지어 좋은 성적을 받기 위해서는 수행 평가에서 발표도 잘해야 하고, 토론은 물론 동영상도 잘 만들어야 하며, 매시간 수업 태도도 좋아야 한다.

예전에는 내신 성적 엉망이어도 학력고사나 본고사를 잘 보면 소위 명문대에 갈 수 있었다. 하지만, 지금은 그때와 다르다. 고등학교 삼 년의 시간이 차곡차곡 쌓여 대학 입시를 위한 평가 대상이 된다. 즉, 고등학교 1학년부터 고등학교 3학년 1학기까지 중간고사와 기말고사를 합쳐 총 10번의 성적이 모두 대학 입시에 반영된다.

수능 성적만으로 대학에 가는 정시도 있지 않느냐고 반문하는 사람이 있을지도 모르는데, 그건 그 관문이 얼마나 좁고 어려운지 모르는 사람이나 하는 소리이다. 그렇다고 해서 내가 예전 입시 제도가 더 좋았으니 그때로 돌아가자는 얘기를 하는 것은 절대 아니다. 과거의 입시 제도에도 문제는 있었고, 지금의 입시 제도에도 좋은 점은 있다. 무엇보다 현재를 비판하고자 고통스러웠던 과거를 낭만으로 포장하는 것은 위험한 일이다.

이 대목에서 다시 근엄한 충고가 끼어들 자리가 생겨난다. 설사 합격하거나 승리하지 못해도, 최선을 다하는 모습은 얼마나 아름다운가. 그런데 이런 말은 실패했어도 최선을 다한 모습을 아름답게 보아주는 사회에서나 가능한 말이지 않을까. 그래서 정재현은 〈공

상식이 정답은 아니야

부하기 좋은 나이? 청소년의 노동〉에서 대학 서열이 취업 서열이 되고, 취업 서열이 정규직과 비정규직을 나누는 사회의 현실을 이렇게 꼬집는다.

> 점점 더 많은 이들이 이미 출발선에서 승부의 향방이 가려짐에도 여전히 교육 제도는 그해 입시 제도를 어떻게 운용할 것인가에서 한 발짝도 나아가지 못한다. 설령 지겨움을 참고 꿋꿋이 공부를 해서 대학을 들어간다 해도 대학 서열이 취업 서열이 되고, 취업 서열이 정규직이냐 비정규직이냐 등을 결정짓는 단판 승부나 다름없는 사회에서 학교 교육이 사회에 진출해서 일상 생활에 필요한 지식을 가르치거나, 말 그대로 한 인간으로서 알고 실천해야 할 덕목을 가르치는 장소의 역할을 하리라 기대하기 어렵다. (…) 결국 입시 경쟁에서 탈락하거나 경쟁 자체를 거부한 청소년들은 더는 학교에 기대할 바가 없어졌다.
>
> (정재현 외, 《우리는 왜 이런 시간을 견디고 있는가》, 코난북스)

'최선을 다하라'는 말은 대체로 이미 무언가를 이룬 사람들이 지금 애쓰고 노력하는 사람들에게 하는 말이다. 그래서 주로 어른들이 아이들에게, 윗사람이 아랫사람에게, 선배가 후배에게 이렇게 말한다. 그들 나름의 격려이고 충고이며 노하우의 전수인 셈이다.

하지만, 이미 죽을 만큼 노력하고 있는데 거기에 대고 '최선을 다하라'고 말하면 무엇을 더 어떻게 해야 한단 말인가. 그것은 달리는 말에 채찍질하는 것과 다름없다. 이미 필사적으로 달리고 있는 말에게 더 속도를 내라고 요구하는 것은 너무 비인간적이지 않은가.

오늘 할 일을
내일로 미루지 마라

▶ **열린 시각을 위한 새로운 해석**
내일 할 수 있는 일을 오늘 미리 하지 마라.
그렇게 해서 남는 시간이 생긴다면 오늘의 행복을 위해 쓰자.

한 해의 목표, 이번 달의 목표, 이번 주의 목표, 그리고 매일의 목표까지 일목요연하게 정리할 수 있도록 도와주는 다이어리들이 많다. 많은 시작이 있었으나 끝은 보지 못한 나의 인생도 다이어리를 적어가며 성실하게 살다보면 구원받을 수도 있지 않을까 하는 기대가 생기기도 한다. 오늘의 할 일 리스트를 적고 모든 일을 순서대로 마친 후 완료 표시를 하며 흐뭇하게 미소 지을 수 있다면 더할 나위 없을 것이다.

나도 그런 기대를 가지고 해가 바뀔 때마다 새 다이어리를 산다. 보통 11월이 되면 각종 다이어리가 쏟아져 나오는데, 12월 말쯤이면 이미 살 사람은 다 산 뒤라 가격 인하를 시작한다. 나는 그때를 노려 적당한 것을 하나 마련한다. 그리고 새 다이어리에 이름을 적으며 올해는 하루도 빠짐없이 성실하게 써보겠다고 다짐해본다. 물론 그것은 늘 바람으로 끝나고 만다. 일 년 후 새 다이어리가 나올 때쯤이면 고작 몇 달 사용한 작년 다이어리를 꺼내 뒤적이며 게으름을 자책하는 게 연례행사이다. '이럴 거면 아예 안 샀더라면 좋았을 텐데……' 하고 후회가 밀려오지만, 지난해의 날짜가 적힌 다이어리를 다시 쓸 수도 없는 일이라 결국 쓰레기통에 버리게 된다. 돈도 아깝고 지구 환경에 유해한 쓰레기를 만든 것도 마음에 걸리지만, 무엇보다도 몇 장 쓰다 만 다이어리의 빈 공백에 마음이 상한다. 하지만, 매해 똑같은 경험을 하면서도 나는 새 다이어리를 산다. 심지어 작년에는 좀더 일찍 다이어리를 구입하기도 했다. 그래서 좀 달랐을까? 작년에도 나는 몇 장 쓰지도 않은 다이어리를 쓰레기통에 버려야 했다.

새 다이어리를 사고 겨우 몇 장 적고 버리는 일을 매년 반복하고 있는 것이 과연 나뿐일까? 만약 사람들이 1월부터 12월까지 충실하게 다이어리를 쓰고 있다면 한 달 앞서 12월부터 쓸 수 있는 다이어리가 그토록 많이 출시될 리는 없을 것이다.

그렇다면 사람들은 제대로 쓰지도 못하면서 왜 다이어리에 집착하는 것일까? 그것은 '오늘 할 일을 내일로 미루지 마라'는 세상의 충고가 강력한 힘을 발휘하고 있기 때문이다. 오늘 할 일을 내일로 미루지 않았더라면 우리의 인생은 얼마나 달라졌을 것이며, 우리는 얼마나 훌륭한 인간으로 성장해 있었을 것인가. 그러나 인생은 늘 그렇듯 우리가 바라는 대로 흘러가지는 않는다.

개학식 전날 밀린 방학 숙제를 끝내느라 난리법석을 피우던 아이는 자라서 시험 전날 벼락치기를 하는 청소년이 된다. 그리고 대학생이 되어서는 마감일 전날이 되어서야 보고서를 쓰기 시작하고, 회사원이 되어서는 마감일이 오기 전에는 절대 노트북을 켜지 않는 어른이 된다. 이것은 물론 많은 사람들의 이야기이자 내 이야기이기도 하다. 매일 규칙적으로 오늘의 할 일에 완료 표시를 하는 사람도 있겠지만, 그런 사람이 그리 많지는 않을 것 같다.

할 일을 미루는 나에게도 절박한 사정은 있다

직장생활을 하면서 남몰래 깨달은 교훈은 '모든 일을 제때에 할 필요는 없다'는 것이다. 제출해야 할 문서의 작성을 미루고 있노라면 부지런한 누군가가 훌륭한 샘플을 제출한다. 그러면 나는 그 샘플 가운데 가장 뛰어난 것을 골라서 나만의 방식으로 보고서를 작성한다. 표절을 빗겨간, 원본보다 나은 카피본은 그렇게 탄생한다. 다만 문제라면 마감일보다 하루 늦게 제출했다는 사실뿐이다. 그런데 어느 정도 경력이 쌓이자 담당자가 사람들의 상습적인 늦장 제출에 대비해 정작 필요한 날보다 하루 이틀 정도 앞당겨 마감일을 정한다는 '업계의 비밀'을 알게 되었다. 그런 대비까지 한다는 것은 마감일을 넘겨 제출하는 사람이 나 혼자만은 아니라는 뜻이다. 그 사실을 알고부터는 일말의 죄책감도 사라졌다.

때로는 그날 해야 할 일을 안 하고 미루는 것으로 더 좋은 일이 생기기도 한다. 애초에 모두 할 필요는 없는 일인데도 "하실 분들만 제출하세요"라고 말하면 아무도 안 할테니 모두에게 과제를 내는 경우도 있다. 이런 때는 먼저 낸 부지런한 사람이 손해를 보기도 한다. 어느 정도 결과물이 모이면 나 같은 느림보는 굳이 하지 않아도 상관없기 때문이다. 잘못된 문서 형식 때문에 새로 보고서를 작성해야 하는 경우도 있다. 이럴 때 이미 서류 작성을 마친 사람들은 화를 내고 항의를 하지만, 아직 아무것도 하지 않은 나 같은 사람은 그런 사소한 일에 화까지 낼 건 없지 않느냐며 짐짓 대인배처럼 굴기도 한다. 이처럼 '슬기로운 직장 생활'을 위해서는 제때에 꼭 해야 하는 일과 그렇지 않은 일을 가릴 줄 아는 안목이 필요하다. 훌륭한 타자에게 스트라이크와 볼을 알아보는 안목이 필수인 것처럼 말이다.

그런데 내가 미루기 신공을 익히게 된 데는 사실 절박한 사정이 있었다. 무엇보다 오늘 해야 할 일이 너무 많은 것이 문제였다. 내가 왜 스트라이크와 볼을 알아보는 안목 운운하며 오늘 꼭 해야 할 일과 조금 미뤄도 되는 일을 구분하는 능력을 강조했겠는가. 할 일이

상식이 정답은 아니야

너무 많아서 아무리 애를 써도 그 일을 오늘 내에 다 하는 게 불가능했기 때문이다. 직장 초년생일 때는 경력이 좀더 쌓이면 그만큼 일에 익숙해질테니 예전보다는 빨리 일을 처리할 수 있을 거라고 생각했다. 그런데 그건 정말 헛된 꿈이었다.

나는 교사로 근무하며 2002년에는 인문사회부에서 '통일교육' 과목을 담당했다. 다음해가 되자 '경제·통일교육'으로 업무가 바뀌었다. 경제교육 한 명, 통일교육 한 명, 이렇게 총 두 명이 담당하던 일을 혼자 하게 된 것이다. 그리고 몇 년 뒤에는 '기획'이 되어 각종 공문을 처리하는 업무를 주로 하면서 곁다리로 경제교육, 통일교육을 비롯한 각종 계기교육을 담당하게 되었다. 2002년에는 총 네 명의 교사가 이 일을 담당했지만, 불과 몇 년 사이에 한 사람이 일을 도맡아하게 된 것이다. 다른 예로 10년 전에는 시간표를 담당하던 사람이 두 명이었지만, 지금은 한 명이 그 일을 하면서 다른 업무도 같이 한다. 또 중간고사와 기말고사에 관련된 업무를 담당하는 사람은 원래는 다섯 명이었지만, 지금은 단 두 명이 그 일을 하고 있다.

이렇게 바뀌게 된 원인은 학생의 수가 줄었기 때문이다. 학급당 학생 수가 줄었고 그에 따라 학급 수가 줄었다. 내가 근무하는 학교의 경우만 해도 2002년에는 학급 수가 33반이었지만 지금은 25반으로 줄었다. 이렇게 학급 수가 줄자 당연히 필요한 교사의 수도 줄고 지금은 매년 퇴직하는 교사보다 적은 수의 교사를 뽑는다.

그런데 중요한 것은 학급 수가 줄면서 교사가 맡아야 하는 수업의 양이 확 줄어든 것은 아니라는 점이다. 학급 수가 줄면 학교 전체의 수업량은 줄기 때문에 교사당 수업 시수는 변함없거나 약간 줄어들었지만, 수업 이외의 업무는 21세기 들어 굴러가는 눈덩이처럼 불어났다. 안전교육, 지진 대피교육, 성희롱이나 성폭력 예방교육, 학교폭력 예방교육, 미세먼지 바로알기 교육, 진로교육 등등 새로운 사회적 문제가 생겨날 때마다 새로운 업무들이 생겨났다. 그리고 이렇게 생긴 업무들은 사회가 변한다고 해서 쉽사리 없어지거나 하지 않는다. 학교가 이 지경이라면 다른 분야에서는 어떤 일이 벌어지고 있을지 상상하기도 싫다. 하여튼 오늘 할 일이 너무 많으니 미룰 수 있는 일은 미루고 싶다.

오늘 해야 할 일이 내가 하고 싶은 일과 큰 차이가 있을 때도 있다. 나는 교사이기 때문에 좀더 나은 수업을 위한 준비나 학생 한 명 한 명에게 더 관심을 기울이고 지도하기 위해 하고 싶은 일들이 있다. 하지만, 정작 학교에서는 그런 일들을 중요하게 생각하지 않는다. 대신 윗선에 보고해야 할 공문을 제때에 올리고, 문서를 그럴 듯하게 작성하고, 의무 프로그램들을 하나하나 해나가는 것을 더 중요하게 여긴다. 수업을 잘못한다고 교육청이 문제를 삼는 법은 없지만, 청렴 교육을 하지 않는 것은 큰 문제가 된다.

이렇게 오늘 내게 주어진 해야만 하는 일들을 제때에 다 끝내려

상식이 정답은 아니야

면 정작 중요한 일들은 뒤로 미루게 된다. 교사에게는 수업 준비가 가장 중요한데도 그것이 업무의 가장 후순위까지 밀리는 일도 있다.

때로는 오늘 해야 할 일에 동의할 수 없는 경우도 있다. 예를 들어 교사인 나는 학생들에게 안전교육을 해야 한다. 안전한 학교를 만들기 위해서 하는 일이니 물론 필요한 부분이다. 하지만, 학교에서 안전교육이 강화된 배경을 살펴보면 좋게 볼 수만은 없는 측면이 있다. 안전교육이 강화된 것은 세월호 참사 이후이다. 세월호 사고 이후 우리 사회의 '안전 불감증'에 대한 비판의 목소리가 높아지자 정부가 내놓은 대책이라는 것이 '학교에서 안전교육을 강화하라'는 것이었다. 그런데 세월호 참사가 과연 학교에서 학생과 교사들이 안전교육을 받지 않아 생겨난 문제일까? 그리고 학교에서 하는 주먹구구식 교육으로 아이들에게 닥칠 수 있는 그 모든 사고를 다 막을 수 있을까? 나는 안전교육을 실시하는 날이면 속이 쓰리다. 안전교육을 반대하자니 안전 불감증 교사로 몰릴 것 같고, 시키는 대로 하자니 마음이 내키지 않기 때문이다.

또 교사들은 규정에 따라 일 년에 한 차례씩 심폐소생술 교육을 받게 되어 있는데, 그 효용성에 늘 의문이 든다. 심폐소생술을 가르치는 강사는 이렇게 말했다. "선생님들이 응급상황에 처한 학생들에게 심폐소생술을 실시하게 될 가능성은 아주아주 낮습니다." 강사의 말대로 교사인 내가 학생에게 심폐소생술을 시행하게 될 확률은 매우 낮다. 그런데도 우리는 무조건 일 년에 한 번 심폐소생술 교육을 받아야 한다. 그게 규정이기 때문이다.

너무 성실하면 더 많은 일이 기다린다

이렇게 불가능하고 불필요한 일로 점철된 '오늘의 할 일' 리스트에 불굴의 투혼으로 완료 표시를 적어가다 보면 어떤 일이 생길까?

하루 종일 딴짓 한 번 안하고 일만 했는데도 그 일을 다 끝마치지 못한 건 결코 나의 책임이 아니다. 설령 몇 분 동안 딴짓을 했다 해도 마찬가지이다. 만약 종일 죽도록 일만 했는데도 일이 안 끝난다면 그건 내가 해야 할 일이 너무 많다는 뜻이다. 그렇다면 그 일을 나눠서 할 사람을 추가로 고용해서 해결하는 게 맞다. 만약 모든 게 내 노력 부족이라고 자신을 탓하면서 회사가 시키는 대로 불가능한 업무를 완수해내면 그다음에는 어떤 일이 기다리고 있을까? 회사는 나의 노고를 알아주기는커녕 일은 더 늘리고 사람은 줄이는 선택을 한다. 그러면 예전에는 두 명 혹은 네 명이 하던 일을 혼자서 다 해야 하는 상황이 올 수도 있다.

즉, 내게 주어진 불가능한 과업을 완수하고 보람찬 하루를 마감하며 퇴근하는 일이 반복되면 내 일은 점점 더 늘어나고 반대로 다른 사람의 일자리는 줄어든다. 오늘의 최선이 나에게는 과로로 돌아오고 다른 누군가에게는 실업의 이유가 될 수도 있는 것이다.

번아웃 시대의 행복한 삶에 대해 쓴《왜 우리는 일에서 행복을 찾고, 일을 하며 병들어갈까》에서 요하임 바우어는 노동의 적은 게으름이 아니라고 단언한다. 그는 노동으로 인해 정신적, 육체적인 탈진에 이르고 점점 무감각해져가는 인간의 영혼을 돌아보아야 한다고 주장한다.

실제로 여러 위험을 내포하고 있는 '노동의 적'은 게으름이 아니다. 게으름 자체는 논의할 게 못 된다. 노동의 실제적인 적은 일하는 인간의 가치가 떨어지고, 인간이 의미를 상실한 채 일하고, 비인간적인 강압에 처하고, 낮은 임금을 받거나 영혼이 없는 기계가 되어가는 상황이다.

(요아힘 바우어,《왜 우리는 일에서 행복을 찾고, 일을 하며 병들어갈까》, 책세상)

법률 사무소에서 일하는 필경사 바틀비는 어느 날 자신에게 요구되는 모든 일들을 거절하기 시작한다. 이유는 하고 싶지 않다는 것. 목소리를 높이지도 않고 바닥에 드러눕지도 않고 그저 조용히 "하고 싶지 않습니다"라고 말하며 아무것도 하지 않는다.

"바틀비! 서둘러. 기다리고 있잖아."
카펫을 깔지 않은 바닥에 의자 다리가 천천히 긁히는 소리가 들렸고, 바틀비가 곧 자기 은신처 입구에 모습을 드러내어 섰다.

"무슨 일이십니까?" 그가 얌전하게 말했다.

"사본 말이야, 사본." 내가 급히 말했다.

"필사본을 검토하려고 하네. 자, 여기." 나는 그에게 네 번째 필사본을 내밀었다.

"하고 싶지 않습니다." 그는 말을 하더니 조용히 칸막이 뒤로 사라졌다.

잠시 동안 나는 소금 기둥으로 변해 줄지어 앉은 직원들의 맨 앞에서 꼼짝도 못하고 서 있었다. 나는 정신을 차린 후 칸막이 뒤로 가서 그런 비정상적인 행위에 대한 변명을 요구했다.

"왜 거절하는 건가?"

"하고 싶지 않습니다."

(허먼 멜빌, 《필경사 바틀비》, 바다출판사)

급기야 계속 이런 일이 되풀이되자 결국 그에게 해고 통지가 날아든다. 그에 대한 바틀비의 대답은 마찬가지이다. "그러고 싶지 않습니다." 그는 해고를 당한 후에도 매일 사무실 입구에 앉아 있다. 방해가 되니 비켜달라는 요구에도 "그러고 싶지 않습니다"로 일관하면서.

이 기이한 인물이 등장하는 소설 《필경사 바틀비》에서는 그가

상식이 정답은 아니야

왜 그런 행동을 했는지 끝내 얘기해주지 않는다. 다만, 그 이유를 짐작해볼 수 있는 구절이 있다.

소문은 이렇다. 바틀비는 워싱턴에서 배달 불능 우편물 취급소의 말단 직원이었다가 갑자기 행정부가 바뀌어 해고되었다고 한다. (…) 그런 우편물들은 매년 대량으로 태워진다. 때로 접힌 편지에서 창백한 직원은 반지를 꺼낸다. 반지가 끼워졌어야 할 손가락은 아마 무덤 속에서 썩어가고 있을 것이다. 몹시 급한 구호금으로 보냈을 지폐를 꺼낸다. 그 지폐로 구원받을 수 있었을 사람은 더 이상 먹을 수도, 굶주림을 느끼지도 못한다. 사면 편지를 받았어야 할 사람은 절망에 빠져 죽었고, 희망적인 편지를 받았어야 할 사람은 희망을 품지 못하고 죽었으며, 희소식이 담긴 편지를 받았어야 할 사람은 구제받지 못한 불행에 짓눌려 질식당해 죽었다. 생명의 임무를 받아 나섰건만 편지들은 죽음으로 질주한다.

우리 모두 마찬가지이다. 우리는 한 생명으로 살아가는 임무를 받고 세상에 나왔다. 그러니 그 시간을 값지게 쓸 권리가 있고, 무의미한 일들로 내 시간을 허비하지 않도록 주의할 의무가 있다.

나는 여전히 다이어리를 가지고 있지만, 이제는 맨 앞장에 이렇게 써둔다. "내일 할 수 있는 일을 오늘 미리 하지 말자." 그리고 오늘 남은 시간은 생명의 임무에 적합한 일로 채우자.

예능을
다큐멘터리로
받지 마라

▶ **열린 사고를 위한 새로운 해석**
타인의 진지함을 농담거리로 만들지 마라.
상대에 대한 존중과 배려가 없는 관계는 언젠가는 깨지고 만다.

"Y는 예쁘니까"라는 말은 대학 시절 우리 동아리의 유행어였다. 처음에는 동기들의 유행어였지만, 후배들이 들어오자 곧바로 "Y 누나는 예쁘니까"로 변형되었다. 당시 우리 동아리에는 Y말고도 여자들이 여럿 있었는데, 예쁘다는 말을 듣는 것은 Y뿐이었다. 그 사실은 대학 시절 내내 내게 작은 상처가 되었다.

항상 예쁘다는 소리를 듣는 Y를 한번도 부러워하지 않았다고 한다면 그건 거짓말이다. 나는 시시때때로 Y가 부러웠다. 모든 남자들로부터 미인이라고 칭송을 받는 Y와 전혀 그렇지 못한 나의 처지를 비교하며 위축되기도 했었다. 물론 그것 때문에 그 시절의 내 삶이

자기혐오로 얼룩졌다든지 외모 콤플렉스가 생겼다든지 하는 일까지는 일어나지 않았다. 그러기에 그것은 너무 사소한 일이었다.

불편함의 이유

얼마 전 대학 동기들이 오랜만에 모였다. 술잔이 오가고 이런저런 이야기들을 나누다가 남자들 사이에서 어김없이 그 말이 나왔다.

"Y는 예쁘니까."

"그래, 그래, Y는 예쁘니까."

서로 맞장구치며 Y의 예쁨을 칭송하는 대목에서 나는 갑자기 머리가 맑아졌다. 그동안 나는 불혹의 나이가 지났는데도 왜 계속 흔들리고, 곧 지천명의 나이가 되는 데도 왜 천명을 알 수 없는 거냐며 억울해했는데, 그런 내게도 세월이 선사한 지혜는 있었던 모양이다. 그 순간 "Y는 예쁘니까"라는 말에서 느낀 불편함이 무엇 때문인지 분명하게 들여다보았다.

"Y는 예쁘니까"라는 말이 언제 남자들 사이에서 출현했던가. 여자들의 외모를 두고 자기들끼리 비교할 때, Y가 아닌 다른 여자의 '부덕'을 비난할 때, 그리고 Y에게 추근거릴 때! 처음으로 나는 남자들에게 내내 예쁘다는 칭송을 들었던 Y도 마냥 좋지만은 않았을 거라는 생각이 들었다.

"Y는 예쁘니까"라는 사소해 보이는 한 마디에는 여러 가지가 의미가 담겨 있다.

첫 번째로, 그 말은 남자들이 여자들의 외모를 평가하고 서열을 매긴 결과이다. 그 시절부터 지금까지도 여자들은 동아리 남자들을 두고 "K는 잘 생겼으니까"와 같은 소리를 한 적이 없다. 심지어 남자의 외모를 두고 서열을 매긴다는 생각을 해본 적도 없었다. 그런데 남자들은 너무도 당연하게 그렇게 한다.

두 번째로, 그 말에는 Y에게 행해지는 온갖 부당한 행동에 대한 정당화의 논리가 담겨 있다. Y에게 좀 과하다 싶게 추근거리면서도, 네가 예쁘기 때문에 그런 거니 감수해야 한다는 메시지를 담고 있는 것이다.

세 번째로, 말 한마디로 Y를 제외한 다른 여자들의 기분을 망칠 수 있는 위력도 가지고 있다. "Y는 예쁘니까"라는 말은 Y를 제외한 다른 여자들은 예쁘지 않다는 확고한 분리 선언이다. 그러니 그 시절 그 말에 불편함을 느꼈던 사람이 오직 나뿐이었겠는가. 여자들끼리 모여서 따로 이 문제에 대해 얘기를 나누어본 적은 없어서 정확하게 확인할 길은 없지만, 아무리 대범한 사람이라도 마냥 기분이 좋지만은 않았을 것이다.

이런 일은 우리가 자주 접하는 예능 프로그램에서도 심심치 않게 등장한다. 예능 프로그램에서 흔히 보게 되는 구도는 이런 것이다. 남자들, 예쁜 여자, 그리고 못생긴 여자. 예능 프로그램에서는 남자들이 예쁜 여자를 무조건 두둔하고 못생긴 여자를 무시하거나 면박주면서 웃음을 만들어간다. 예쁜 여자가 잘 먹으면 예쁜 데다 성격도 소탈하고 복스럽게 먹는다며 칭찬하지만, 못생긴 여자에게는 식탐이 많다며 비난하고 더 나아가 "그렇게 먹어대니 살이 찌지"라는 막말까지 한다. 또 예쁜 여자가 잘 달리면 운동 신경까지 좋다며 찬양하지만, 못생긴 여자가 게임에 이겨봐야 "승부욕이 남다르다"거나 "독종"이라는 소리나 듣는다. 그런데 이런 예쁜 여자와 못생긴 여자의 구분은 오로지 여자들에게만 적용될 뿐, 남자들에게는 해당 사항이 없다. 한번 생각해보라. 어떤 예능 프로그램도 여자들, 잘생긴 남자, 그리고 못생긴 남자의 대립 구도로 출연자들을 배치하지 않는다.

왜 나는 아무 말도 안했을까

대학 시절은 물론이고 졸업한 뒤에도 나는 한 번도 그런 속내를 입 밖에 내지 않았다. 표정으로도 들키지 않으려고 노력했다. 물론 눈치가 빠른 누군가는 그런 나의 불편한 심기를 알았을지도 모른다. 나는 그리 위장에 능한 사람은 아니니까. 어쨌든 나는 그 시절에 최선을 다해 불편한 속내를 숨겼다.

"Y는 예쁘니까"라는 말은 문제 삼기 어려운 측면이 있었다. 몇 가지의 미묘한 지점에서 그랬는데, 우선, 너무 사소한 문제여서였다.

상식이 정답은 아니야

그런 사소한 것을 문제 삼아 지질한 인간으로 보이기 싫었다. 예쁘지도 않은데 지질하기까지 해서야 곤란하지 않은가.

두 번째로, 내가 그 동아리 친구들을 좋아한다는 점도 문제였다. 우리는 폭풍 같은 80년대를 함께 헤쳐 나온 동지들이다. 그 시절에서 그들을 제외한다면 내 청춘의 절반은 없는 거나 마찬가지일 것이다. 그런 친구들 앞에서 "너희들이 하는 말이 너무 불편해"라고 말할 용기가 내게는 없었다.

세 번째로, "Y는 예쁘니까"라는 말이 일종의 유머 코드로 등장한다는 사실이다. 만약 우리 동아리의 누군가가 이 글을 읽는다면 "웃자고 한 말에 죽자고 덤벼들면 어쩌자는 거야?" 혹은 "그냥 재밌자고 한 말인데, 그걸 가지고 정색을 하면 어떻게 해?"라고 말할지도 모르겠다. 불편함을 드러내는 순간, 나는 친구도 모르고 유머 감각도 없는 사람이 될지도 모른다. 불편함은 사소하고, 그것을 드러내서 초래하게 될 위험은 아주 크다.

이처럼 끈끈한 관계를 유지하고 있는 사람들 사이에 오가는 다소 불편한 유머란 참으로 난감한 경우가 많다. 그들 가운데 누군가가 대놓고 불편함을 드러내면 단박에 이런 말이 날아오기 때문이다. "농담이야, 농담." "예능을 다큐로 받으면 어떻게 해?" 그러면 순식간에 자리는 어색해지고, 나는 상대방의 선한 의도를 오해한 유머 감각도 없는 사람으로 전락한다. 어쩌면 콤플렉스가 많은 사람이라는 평가가 뒤따를 수도 있다.

농담 안에는 권력 구조가 숨겨져 있다. 보통 쌍방의 관계에서 갑의 위치에 있는 쪽이 농담을 던진다. 직장 상사나 나이가 많은 사람, 그리고 남자들이 보통 그런 위치에 선다. 그리고 농담거리가 되는 사람은 부하 직원이나 나이가 어린 사람, 여자인 경우가 많다. 예를 들어 민감한 발언을 해놓고 상대인 여성이 화를 내면 사람들은 오히려 이렇게 되묻는다. "왜 그렇게 까칠해? 노처녀 히스테리야?" 그런데 우리 사회에는 노처녀 히스테리는 있어도 노총각 히스테리라는 말은 없다. 또 남자에게 "얼굴만 예쁘면 돼"라는 말을 하는 사람은 없지만, 여자들은 어릴 때부터 그 말을 지겹도록 듣고 자란다. 신체적인 약점에 대해서도 마찬가지인데, 키 작은 사람에 대한 유머는 넘쳐나지만, 키가 크다고 해서 유머의 대상이 되지는 않는다.

유머 감각이 그렇게도 중요한가

우리는 불편한 농담을 듣고도 쉽게 거부감을 표현하지 못하는 경우가 많다. 그 이유는 그것이 농담의 탈을 쓰고 있기 때문이다. 유머 감각은 이 시대가 요구하는 필수적인 품성이다. 재미있는 사람이라는 것은 성격이 좋다거나 일을 잘 한다는 것과 같은 반열에 놓일만한 좋은 재능으로 평가된다. 그렇기 때문에 내가 상대방의 농담에 대해 불편함을 드러내게 되면 상대의 비난을 감수해야 한다. 예

상식이 정답은 아니야

를 들어 내가 동기들 앞에서 "Y는 예쁘니까"라는 말에 정색을 하고 덤빈다면 졸지에 '못생겼는데 유머 감각도 없는' 사람이 되어야 하는 것이다. 타고난 외모야 어쩔 수 없다고 해도 유머 감각까지 포기할 수는 없기에 우리는 조용히 입을 다물게 된다. 그런데 나는 진지하게 묻고 싶다. 유머 감각이 그렇게 중요한 것일까?

산을 오르는 것은 사실 별 재미가 없다. 그냥 묵묵히 내 앞에 펼쳐진 길을 한 걸음 한 걸음 걸어 올라갈 뿐이다. 거기에는 손에 땀을 쥐게 하는 긴박한 스릴 같은 것은 없다. 그래도 평탄한 길에서는 여유를 느낄 수 있고, 양손까지 써서 기어 올라가야 하는 험준한 길에서는 힘들지만 성취감을 느낄 수 있다. 그저 고통스럽기만 하다면 그렇게 많은 사람들이 산에 오를 리가 없지 않겠는가.

책 읽기도 사실 별 재미가 없다. 영화를 볼 때는 좌석에 앉아 눈앞의 스크린만 응시하면 되지만, 책은 책장을 넘기며 문장의 의미를 계속 생각하고 앞으로 어떤 내용이 전개될지도 상상해야 한다. 물론 책장이 술술 잘 넘어가는 쉬운 책도 있지만, 한 편의 드라마를 보는 것처럼 쉽고 편한 책은 드물다. 그럼에도 많은 사람들이 책을 읽는다. 당장 웃음이 빵 터져 나오지는 않아도 책이 주는 묵직한 즐거움이 우리를 유혹하기 때문이다.

가볍게 웃을 수 있어서 좋은 것도 있지만, 깊이 감동할 수 있어서 좋은 것도 있는 법이다. 그런데도 우리 사회는 가벼운 웃음만을 높이 평가하고 진지함을 폄하한다.

사람들 사이에서 유행하는 신조어 중에 '진지충'이라는 말이 있다. 이 단어를 처음 접했을 때, 나는 이 시대의 가벼움이 대체 어디까지 가려는 걸까 하는 생각에 현기증마저 느꼈다. 단지 어떤 일에 대해 진지하게 접근했다고 해서 벌레 취급까지 받아야할 이유는 없지 않은가. 뭔가 조금만 마음에 들지 않으면 '충'자를 붙여 사회적으로 고립시켜 버리는 세상에서 이제는 진지함마저도 손가락질을 당하고 있는 것이다.

나의 다큐멘터리가 당신의 예능이 되는 게 싫다

남을 실컷 조롱하고 마음을 상처를 준 사람들은 상대가 참고 참다가 한마디 하면 "왜 이렇게 진지해? 웃자고 한 말이야"라고 받아넘긴다. 이것이 불편한 농담에 대해 항의하는 이들 앞에 놓인 첫 번째 장벽이다. 겨우 이 장벽을 넘어 내가 어떤 이유로 불편하고 당신의 말을 왜 농담으로 받아들일 수 없는지 설명하면 이번엔 이렇게 대꾸한다. "사소한 문제에 너무 심각하게 달려드는 거 아냐?" 나는 다시 그 문제가 왜 사소하지 않은지에 대해 시시콜콜 설명한다. 그러면 그는 결국 이렇게 말한다. "그렇게 불편하면 진작 말하지 그랬어? 난 몰랐어."

아이들이 연못에 돌을 던진다. 그것은 아이들에게는 재미있는 장난이지만, 개구리에게는 목숨이 왔다 갔다 하는 일이다. 누군가의 농담도 마찬가지이다. 그는 농담으로 한 말이지만, 누군가에는 모욕이며 희롱일 수 있다. 또 그에게는 그게 사소한 문제일지 몰라도 누군가에게는 전혀 사소하지 않은 중대한 문제일 수도 있다. 그런데도 솔직하게 불쾌하다고 말하지 못하는 건 상황이 더 나빠지는 걸 우려하기 때문이다.

사람들은 남에게 상처를 줘놓고 무심하게 예능을 다큐멘터리로 받지 말라고 말한다. 그런데 나는 나의 다큐멘터리가 당신의 예능이 되는 게 정말 싫다. 아무 때나 예능을 찍지 마라. 그것도 당신만 재미있는 예능. 곧 채널이 돌아가고 아무도 당신의 예능을 보아주지 않는 때가 올 거다.

부당함에 맞서야 좋은 세상이 온다

내가 시비를 걸고 싶은 세상의 상식들은 아직도 많다. 예를 들면 이런 것들이다.

믿는 도끼에 발등 찍힌다.

⇨ 왜 그 도끼를 믿었나? 믿어야 할 것을 믿고 믿지 말아야 할 것을 의심하라.

짚신도 짝이 있다.

⇨ 짝이 없으면 짚신만도 못하다는 말인가? 비혼의 삶을 부정하고 모든 삶에 주어진 정답이 있다는 시각은 옳지 않다.

개같이 벌어 정승같이 쓴다.

⇨ 돈을 버는 과정도 인생의 일부이다. 개같이 돈을 벌면 결국 똑

같은 인생을 살게 될 뿐이다.

하룻강아지 범 무서운 줄 모른다.

⇨ 범 무서운 줄 몰랐던 하룻강아지들이 세상을 바꾸었다. 무섭지 않아서 덤비는 것이 아니라 무서움을 무릅쓰고 덤비는 것이다. 하룻강아지의 살 길은 그것뿐이기 때문이다. 덤벼도 죽고 덤비지 않아도 죽는다면 덤벼보는 편이 낫다.

친구는 많을수록 좋다.

⇨ 함께 만들어온 추억이 있고 서로에 대한 존경과 신뢰가 있어야 진정한 친구라 할 수 있다. 그렇기 때문에 진정한 친구를 만드는 데는 많은 시간과 에너지가 필요하다. 그냥 알고 지내는 사람을 친구로 착각하면 안 된다. 사교적인 사람으로 보이고 싶어서

SNS의 이웃 수에 집착하는 사람도 있는데 그들을 진정한 의미의 친구라고 보기는 어렵다.

젊어 고생은 사서 한다.
⇨ 청춘들의 고통스러운 취업 전쟁과 열악한 삶의 조건들을 그럴 법한 일로 포장하면서 그들을 착취할 때 쓰는 말이다. 젊어서 다양한 경험을 쌓는 것은 좋지만 계속 고생만 한다면 그건 문제이다. 반대로 나이 들어서도 편한 것만 찾지 말고 다양한 경험을 하기 위해 노력해야 고리타분한 어른 소리를 듣지 않는다.

좋은 게 좋은 거야.
⇨ 당신들에게 좋은 것이 꼭 나에게 좋은 것은 아니다. 이 말은 '(나에게) 좋은 것이 (너에게도) 좋은 거야'라는 뻔뻔한 생각을 표현한 말이다. 부당함을 그냥 넘어가지 않아야 좋은 세상이 온다.

내가 하고 싶은 얘기들을 다하려면 영원히 이 책을 끝낼 수 없을 지도 모른다. 다행히 앞서 다룬 속담과 충고에 대한 얘기로 한 고개 는 넘은 것 같다. 그래서 이 정도에서 잠시 멈추려 한다. 물론 이건 '일단 멈춤'일 뿐 '끝'은 아니다. 물론의 세계를 지탱하는 성벽에 던 지는 나의 짱돌은 어떤 식으로든 계속될 것이다.

그런 나에게 위안이 되는 루쉰의 말을 떠올려본다. "당신이 길을 걷다가 난관에 봉착했다면 한숨 자는 것도 괜찮다. 애초에 먼 길을 갈 것이라고, 좀처럼 포기하지 않을 것이라고 다짐했다면 말이다." (루쉰,《루쉰의 편지》)

마지막으로 마냥 편하지만은 않았을 글을 끝까지 읽어준 독자들 에게 고마운 마음을 전한다.

■ **돌다리도 두들겨보고 건너라.**

돌다리를 놓은 이를 신뢰하며 일단 건너라. 너무 이것저것 재다 보면 아무것도 못한다.

■ **빈 수레가 요란하다.**

빈 수레는 요란하기라도 해야 세상이 알아준다.

비슷한 속담으로 '계란으로 바위치기'가 있는데, 계란은 부서지고 바위는 끄떡없어 보이지만 흔적은 남게 된다. 그러면 사람들은 왜 그런 일이 생겼는지 궁금해할 것이다. 아무것도 안하는 것보다는 계란이라도 던져보는 것이 낫다.

■ **모난 돌이 정 맞는다.**

우리 모두는 뾰족한 채로 살아갈 권리가 있다. 사회의 날카로운 정을 맞는 모난 돌을 탓하지 말고 모난 돌에 정을 내리치는 사회를 문제 삼자.

- **우물을 파도 한 우물을 파라,**

  어떤 사람에게는 한 우물을 파는 것이 맞고, 어떤 사람에게는 여러 개의 우물을 파는 것이 맞는다. 모두가 같은 방식으로 살 수는 없다.

- **웃는 얼굴에 침 못 뱉는다.**

  웃을만한 일이 있다면 알아서 웃겠으니 내게 웃음을 강요하지 마라.

- **될성부른 나무는 떡잎부터 알아본다.**

  떡잎이 나무가 되기까지는 오랜 세월 동안 수많은 일들을 겪어야 한다. 당신 앞의 떡잎이 무성한 나무가 될 수 있도록 도와주라.

- **가다가 그만두면 아니 간만 못하다.**

  가다가 그만둬도 간만큼은 남는다. 수많은 시작들은, 수많은 가능성으로 남는다.

- **일찍 일어나는 새가 벌레를 잡는다.**

  일찍 잘 수 없는데 일찍 일어날 수는 없는 일이다. 아침형 인간의 성공 스토리가 모든 사람에게 통용될 수는 없다.

■ 혼자는 외롭다.

형제가 몇 명이라도 인간은 원래 외로운 법이다.

■ 공부에도 때가 있다.

공부는 평생 해야 하는 것이고 언제라도 시작할 수 있다.
지금 공부하지 못하는 사람이 있다면 그에게는 그럴만한 사정이
있는 것이다.

■ 모든 일에 최선을 다하라.

모든 일에 최선을 다한다는 건 불가능하다. 우리에게는 지금 내
가 최선을 다해야 할 일과 그럴 필요 없는 일을 구분하는 판단력
이 필요하다.

■ 오늘 할 일을 내일로 미루지 마라.

내일 할 수 있는 일을 오늘 미리 하지 마라. 그렇게 해서 남는 시
간이 생긴다면 오늘의 행복을 위해 쓰자.

■ 예능을 다큐멘터리로 받지 마라.

타인의 진지함을 농담거리로 취급하면 안 된다. 가벼운 언사는
관계를 망치는 지름길이다.

다음 세대에 전하고 싶은 한 가지는 무엇입니까?

다음 세대를 생각하는 인문교양 시리즈 아우름

아우름 시리즈는 계속 출간됩니다.

아우름31

상식이
정답은 아니야

1판 1쇄 인쇄 2018년 6월 22일
1판 1쇄 발행 2018년 6월 28일

지은이 박현희
펴낸이 김성구

책임편집 이은정
단행본부 류현수 김민기 고혁
디자인 홍석훈 문인순
제　작 신태섭
마케팅 최윤호 송영호 유지혜
관　리 노신영

표지 패턴 홍서진

펴낸곳 (주)샘터사
등　록 2001년 10월 15일 제1-2923호
주　소 서울시 종로구 창경궁로35길 26 2층 (03076)
전　화 02-763-8965(단행본부) 02-763-8966(마케팅부)
팩　스 02-3672-1873　**이메일** book@isamtoh.com　**홈페이지** www.isamtoh.com

한국어판권ⓒ (주)샘터사, 2018.,Printed in Korea.

ISBN 978-89-464-2087-8 04190
ISBN 978-89-464-1885-1 04080 (세트)

이 도서의 국립중앙도서관 출판시도서목록(CIP)은 e-CiP 홈페이지
(http://www.nl.go.kr/cip.php)에서 이용하실 수 있습니다. (CIP제어번호: CIP2018018893)

값은 뒤표지에 있습니다.
잘못 만들어진 책은 구입처에서 교환해드립니다.